Werner Plumpe

WIRTSCHAFTSKRISEN

Geschichte und Gegenwart

unter Mitarbeit von
Eva J. Dubisch

W0056974

Verlag C.H.Beck

Mit einer Grafik

1. Auflage 2010
2. Auflage 2011

3. durchgesehene und aktualisierte Auflage. 2012

Originalausgabe
© Verlag C.H.Beck oHG, München 2010
Satz: Fotosatz Reinhard Amann, Aichstetten
Druck und Bindung: Druckerei C.H. Beck, Nördlingen
Umschlagentwurf: Uwe Göbel, München
Printed in Germany
ISBN 978 3 406 60681 6

www.beck.de

Inhalt

I. Wirtschaftskrisen – Geschichte und Gegenwart

Im April und Mai 1873 platzte an der Wiener Börse eine Immobilienblase. Unter den zahlreichen Anlegern aus Hochadel, Bürgertum und einfachem Volk brach eine Panik aus. Die eben noch so erfolgreichen Bankiers und Börsenhändler fürchteten plötzlich um Freiheit und Leben. Manche griffen zu drastischen Mitteln. So schrieb eine Wiener Zeitung, dass einige Börsenhändler «Selbstmord fingierten, indem sie ihre alten Kleider an einer Brücke niederlegten und in neuen das Weite suchten». Ganz ähnlich berichtete der «Spiegel» am 26. Januar 2009: «Eine Reihe prominenter Selbstmorde schockiert die Wall Street. Doch nicht in allen Fällen bringen sich Banker und Börsenhändler tatsächlich um – einige täuschen ihren Freitod vor, um der Strafverfolgung zu entkommen.» Das Fluchtverhalten scheint nicht unbegründet: Noch jüngst forderte ein Münchener Strafrechtsprofessor, die Verantwortlichen für die derzeitige Finanz- und Wirtschaftskrise müssten vor Gericht gebracht werden. Prominente Fälle wie der des New Yorker Vermögensverwalters Bernard Madoff und mancher offenkundig raffgieriger Fondsmanager komplettieren das Bild: Die Finanzwelt scheint in der Hand einer Bande von skrupellosen Gaunern, die es lieber auf eine schwere Wirtschaftskrise ankommen lassen, als auf eine Gewinnchance zu verzichten. Ohne skrupellose Banker, so scheint es, wären uns die jüngsten Verwerfungen erspart geblieben.

Doch ein Blick zurück durch die Jahrhunderte schürt Skepsis gegenüber diesem ebenso populären wie vereinfachenden Bild. Denn Wirtschaftskrisen zählen zu den wiederkehrenden, prägenden Ereignissen der Geschichte; ihre Bedeutung war und ist häufig so groß, dass sie weit über das wirtschaftliche Geschehen hinaus ausstrahlen und ernsthafte politische und soziale Probleme auslösen. Wirtschaftskrisen sind auch keine neue Erfahrung. Bereits aus dem Alten Testament sind mit der Josephs-Geschichte die sieben mageren und die sieben fetten Jahre überliefert. Ernteschwankungen und in ihrem Gefolge Teuerung, Hunger und Not zählten zu den ständigen Begleitern der Geschichte Alteuropas. Auch deren Überwindung durch die Zunahme der Leistungsfähigkeit der Landwirtschaft seit dem 19. Jahrhundert hat keineswegs zu einem Ende der Krisen geführt. Seither wird die Entwicklung der Wirtschaft von wiederkehrenden konjunkturellen Störungen geprägt. Ernteschwankungen und Schwankungen der Konjunktur sind nicht einmal die einzigen Plagen, die die Menschheit zu ertragen hatte und noch erträgt. Hinzu treten Spekulationskrisen, die ebenfalls keine neue Erscheinung sind. Der «Tulpenschwindel» in Holland im 17. Jahrhundert, die «Südseeblasen» im England des 18. Jahrhunderts oder die zahlreichen Spekulationsblasen des 19., 20. und 21. Jahrhunderts markieren eine schier nicht enden wollende Reihe krisenhafter Abschwünge. Und schließlich die verbreiteten Staatsbankrotte. Folgt man den amerikanischen Ökonomen Carmen M. Reinhart und Kenneth S. Rogoff, zählen die durch Zahlungsschwierigkeiten von Staaten bzw. durch ihre überhöhte Verschuldung ausgelösten Probleme zu den häufigen Krisenverursachern der letzten Jahrhunderte. Auch wenn man die Staatsbankrotte nicht unbedingt zu den Wirtschaftskrisen im engeren Sinn rechnen möchte, da ihre Ursachen in der Regel politischer und nicht ökonomischer Art sind, entfalten sie gleichwohl eine ungeheure Krisendynamik, wie die gegenwärtige globale Staatsschuldenkrise zeigt. Nimmt man alles zusammen, sind Krisen offensichtlich normaler Bestandteil des ökonomischen Geschehens. Sie scheinen überdies so vielfältig zu sein, dass es schwerfällt, hierfür das Verhalten einzelner Personen verantwortlich zu machen, geschweige denn ein aussagefähiges theoretisches Krisenmodell vorzulegen. Der deutsche Nationalökonom und Wirtschaftshistoriker Werner Sombart (1863–1941) beklagte bereits 1904 eine nicht mehr überschaubare Fülle an Krisentheorien. Die gegenwärtige ökonomische Theorie verzichtet im strengen Sinn ganz auf die Verwendung des Krisenbegriffs und benutzt stattdessen in der Sprache der Konjunkturtheorie Begriffe wie Rezession, Abschwung oder Depression, um das zu bezeichnen, was in der

Öffentlichkeit im Allgemeinen als Wirtschaftskrise verstanden wird.

Trotz dieser Ungenauigkeiten ist die Verwendung des Begriffs «Wirtschaftskrisen» durchaus sinnvoll, nicht zuletzt, weil seine Bedeutung in den öffentlichen Debatten außer Frage steht. Im Folgenden wird er im Sinne gesamtwirtschaftlicher Störungen verwendet. Er soll einerseits den Umschlagpunkt von einer Aufschwungphase oder zumindest einer Phase stabiler wirtschaftlicher Entwicklung in Stagnation und Abschwung, andererseits aber auch die Abschwung- und Depressionsphase selbst bezeichnen. Ganz ähnlich wird der Rezessionsbegriff verwendet, der Phasen stagnierender bzw. sinkender wirtschaftlicher Gesamtleistung markiert. Das Platzen von Spekulationsblasen oder die Zahlungsschwierigkeiten von Staaten, die zweifellos Krisenerscheinungen darstellen, werden in dieser Sicht vor allem wegen ihrer gesamtwirtschaftlichen Bedeutung zum Thema und lassen sich damit genauer zuordnen, als es bei einer bloßen Aufzählung von Krisenphänomen der Fall wäre.

Alte Krisen – neue Krisen   Betrachtet man den wirtschaftlichen Strukturwandel unter der Perspektive gesamtwirtschaftlicher Störungen, so lässt sich das Krisengeschehen historisch grob ordnen. Die Krisen der vormodernen Welt, also der Zeit vor der Durchsetzung des modernen Kapitalismus zu Beginn des 19. Jahrhunderts, waren vor allem Agrar- und Ernährungskrisen. Zwar gab es zahlreiche Staatsbankrotte und auch das Auftreten und Platzen von Spekulationsblasen war nicht selten. Aber deren gesamtwirtschaftliche Folgen waren in einer Welt, die wirtschaftlich von der Landwirtschaft und den Bemühungen um die Sicherstellung der Ernährung bestimmt war, begrenzt. Die entscheidenden Faktoren im Krisengeschehen waren Klima und Wetter. Günstige klimatische Bedingungen ermöglichten gute Ernten, niedrige Lebensmittelpreise sowie wachsende Bevölkerungszahlen und in der Folge sinkende Löhne und einen Anstieg auch der gewerblichen Produktion, die angesichts niedriger Lebensmittelpreise auf günstige Nachfragebedingungen traf. Schlechte Ernten konnten hingegen rasch verheerende Folgen haben: Beschäftigungslosigkeit, Hunger und Elend, Bettelei und Tod waren dann häufige Gäste, gerade in den Häusern der armen Bevölkerung. Erst die großen Fortschritte der Landwirtschaft im 19. Jahrhundert beendeten diese stete Bedrohung.

Die Krisen der vormodernen Welt folgten also keinem festgelegten Rhythmus, sondern wurden in hohem Maße durch jedenfalls seinerzeit unvorhersehbare Klimaschwankungen verursacht. Das änderte sich mit der modernen Wirtschaft. Die Wirtschaftskrisen verloren nach und nach ihre apokalyptischen Dimensionen. Stattdessen wurden sie zum wiederkehrenden, geradezu rhythmischen Muster, das nicht mehr äußeren Irritationen, sondern offensichtlich einer Art innerer Gesetzmäßigkeit der kapitalistischen Entwicklung folgte. Karl Marx (1818–1883) sah die rhythmischen Schwankungen der Wirtschaft bereits für die 1820er Jahre als gegeben an. Spätestens seit den 1860er Jahren und den Beobachtungen des französischen Arztes Clement Juglar (1819–1905) war offensichtlich, dass der wirtschaftliche Strukturwandel Zyklen durchlief. Zyklen von Aufschwung, Boom, Rezession und Depression, die sich – so Juglars empirisch durchaus stimmige Annahme – zudem in einem relativ festen zeitlichen Rahmen von sechs bis zehn Jahren abspielten. Die neuere Konjunkturgeschichtsschreibung hat diese zeitlichen Rhythmen zwar im Einzelnen nicht schematisch festschreiben wollen, sondern verschiedene Amplitudenlängen nachgewiesen, doch haben sich die Juglar-Zyklen als empirische Beobachtung seither im Grunde bestätigt.

Die moderne Wirtschaft weist mithin im Gegensatz zur vormodernen Welt Zyklen auf, die aber als geradezu notwendige Erscheinungsweise einer tendenziell wachsenden Wirtschaft und eines intensiven ökonomischen Strukturwandels begriffen werden müssen. Die Umschwünge vom Boom zur Rezession wurden und werden daher auch nicht unbedingt stets als krisenhaft erfahren, sondern können, wie etwa in der Zeit nach dem Zweiten Weltkrieg, als Wachstumszyklen wahrgenommen werden. Andererseits waren die Krisen der Jahre vor 1848 oder der Zwischenkriegszeit im 20. Jahrhundert mit großem sozialen Elend verbunden, das zu Krisen des politischen Systems beitrug. Offensichtlich gibt es Phasen, in denen Krisen eher hingenommen werden, und Phasen, in denen die Bedeutung von Krisen dramatisch zunimmt und sie das gesamte Gesellschaftssystem in Mitleidenschaft ziehen können. Dies mag mit den später noch genauer zu behandelnden langen Wellen der Konjunktur zu tun haben. Knut Borchardt hat jedenfalls für den modernen Kapitalismus in Anlehnung an eine Formulierung von Karl Marx die überaus hilfreiche Unterscheidung zwischen «Krisen an sich» und «Krisen für sich» getroffen. «An sich» lassen sich alle Umschwünge vom Boom zum Abschwung als «Krise» begreifen; aber ob sie in einem manifesten Sinne auch zu «Krisen für sich» werden, hängt nicht nur von ihren gesamtwirtschaftlichen Dimensionen und sozialen Folgen, sondern auch stark davon ab, wie insbesondere die Zeitgenossen auf das wirtschaftliche Geschehen reagieren. Die Erwartungshaltungen von Unternehmen und Haushalten spielen für das Krisengeschehen eine ebenso wichtige Rolle wie die öffentliche und wissenschaftliche Diskussion der Wirtschaftswissenschaft sowie die Reaktion der Politik. Insofern sind auch in unserer Erinnerung keineswegs alle Konjunkturumschwünge gleichermaßen präsent. Die Diskussion des Jahres 2010 erinnert vor allem an jene Krisen, die von den Zeitgenossen als besonders tief und heftig wahrgenommen wurden. Das Krisengeschehen in der Moderne, so ist zu schlussfolgern, hat daher nicht allein etwas mit der Veränderung von gesamtwirtschaftlichen Größen zu tun, sondern ebenso mit ihrer Interpretation und den wirtschafts- und sozialpolitischen Reaktionen auf sie. Werden Krisen als dramatisch erfahren, ist auch die Suche nach dem hierfür Verantwortlichen ausgeprägt. Das hat insbesondere die «Spekulation» in Verruf gebracht und ihr den Nimbus einer Geißel der modernen Wirtschaft eingetragen.

Die Krisen und die Spekulation Die Krisen, also die mehr oder weniger regelmäßigen Störungen der gesamtwirtschaftlichen Leistung, waren aber weder unter den Bedingungen der älteren Agrarverhältnisse eine Folge von dem, was man heute umgangssprachlich unter Spekulation versteht, noch findet sich in der Moderne ein unmittelbarer Zusammenhang von Spekulation und Krise. Die eigentliche Bedeutung von Spekulation ist unter einem gewaltigen Berg von mehr oder minder populären Vorurteilen verschüttet. Denn wirtschaftlich gesehen ist Spekulation kein Übel, sondern ein notwendiges Moment allen wirtschaftlichen Handelns, das bei seinem Abschluss mit zukünftigem Erfolg kalkuliert und sich deshalb auf das Risiko einlässt, heute etwas zu tun, von dem man erst in der Zukunft wissen kann, ob es erfolgreich ist. Spekulation ist eine notwendige Voraussetzung dafür, dass es überhaupt zu wirtschaftlicher Entwicklung kommt und nicht nur zu einer Wiederholung des bereits Bekannten. Das heißt nicht, dass Spekulation immer gleich ist und historisch immer gleich war. Zweifellos gibt es Phasen größerer und Zeiten geringerer Spekulationsfreude, zweifellos gab und gibt es auch Übertreibungen, die man aber nur im Nachhinein feststellen kann. Im Moment der Entscheidung selbst steht nicht fest, wie die Spekulation ausgeht! Es gehört daher geradezu zu den feststehenden historischen Wahrheiten, dass es bei Spekulationskrisen immer schon alle gewusst haben, wenn es so weit ist! Größere Spekulationsphänomene finden sich in der Regel immer dann, wenn hohe Erwartungen mit einer guten Liquiditätsversorgung und niedrigen Zinsen zusammentreffen, man also für vermeintlich aussichtsreiche Geschäfte billig und leicht Kredit bekommen kann. Derartige spekulative Wellen neigen zudem zur Selbstverstärkung, die durch Arbitrageure, also Marktakteure, die nicht an den Geschäften selbst, sondern vor allem an der Nutzung von Preisunterschieden interessiert sind, getragen werden. Spätestens zu dem Zeitpunkt, an dem sich zeigen muss, ob die großen Erwartungen auch gerechtfertigt sind, neigen Spekulationsblasen dazu, zu platzen. Dieses Platzen hatte in der älteren Welt zumeist begrenzte Folgen, da die Landwirtschaft selbst hiervon kaum betroffen war. Im modernen Kapitalismus ist das anders, weil sich hier das spekulative Verhalten in der Regel mit der Aufschwungphase eines Zyklus, wenn alle Marktakteure von steigenden Preisen und glänzenden Aussichten ausgehen, verbindet. Der moderne Kapitalismus zeichnet sich überdies dadurch aus, dass er spekulative Momente zur Finanzierung seiner Großprojekte über neue Unternehmensformen (Aktiengesellschaften) und neue Finanzierungsstrukturen (Börsen, Kapitalmärkte) regelrecht institutionalisiert. Zwar gibt es auch seit dem 19. Jahrhundert Spekulationsphänomene, die mit dem Konjunkturzyklus wenig zu tun haben, doch im Regelfall ist die Spekulation ein Begleiter des Aufschwungs, den sie bis zu dem Punkt trägt und verstärkt, an dem die zeitweilig übertriebenen Erwartungen an Absatz, Gewinn und Rendite nicht eingelöst werden. In der modernen Welt ist Spekulation daher auch der Ausdruck eines intensiven, durch die Finanzmärkte vorweggenommenen Strukturwandels, der die Tendenz haben kann, in Übertreibungen zu enden. Das ist ein Risiko, das im modernen Kapitalismus wohl unvermeidlich ist, auch wenn es geboten sein kann, das Ausmaß der Spekulation zu begrenzen.

Einfach wird das nicht gehen, da sich gezeigt hat, dass auch die Sicherung gegen die Folgen spekulativen Verhaltens ambivalent ist, denn derartige Sicherungsgeschäfte, die vor allem seit den 1970er Jahren ein großes Ausmaß angenommen haben, besitzen selbst eine spekulative Dimension: Ist man gegen Verluste gesichert, kann deren Eintritt u. U. ein gutes Geschäft sein. Eine Begrenzung der Spekulation will mithin wohl überlegt sein.

Eine Geschichte der Wirtschaftskrisen muss daher die Spekulation berücksichtigen, kann sie aber nicht als ihren Ausgangspunkt nehmen. Historisch gesehen sind Krisen nämlich von ihr unabhängig verbreitete Phänomene und keinesfalls vermeidbare Ausnahmen. Im Zentrum der nachfolgenden Überlegungen stehen daher die gesamtwirtschaftlichen Störungen in ihrer jeweiligen zeittypischen Bedingtheit, also vor allem die Agrarkrisen der vormodernen Welt und die modernen Konjunkturzyklen sowie das jeweils zugehörige spekulative Geschehen. Staatsbankrotte und Zahlungsbilanzkrisen, die ihre ganz eigenen Ursachen haben, werden gelegentlich erwähnt, aber nicht systematisch abgehandelt.

Wirtschaftskrisen halten sich nicht an politische Grenzen. Weder kennt das Wetter Staatsgrenzen, noch respektieren die Börsenkurse nationale Unterschiede, zumindest solange es nicht dazu kommt, dass sich Staaten oder Staatengruppen, wie etwa der Ostblock nach 1945, aus der internationalen Wirtschaft völlig zurückziehen. Die Wirtschaftskrisen, zumal die modernen, hatten daher bereits seit dem Ende des 18. Jahrhunderts stets einen internationalen Zuschnitt; spätestens seit den 1850er Jahren handelte es sich jeweils potentiell um Weltwirtschaftskrisen, zumindest in der kapitalistischen Welt. Die folgende Darstellung sucht dies zu berücksichtigen, auch wenn die Krisenverläufe, die in den verschiedenen Ländern ganz unterschiedlich ausfielen, nicht jeweils gesondert, sondern an Beispielen erörtert werden, die naheliegenderweise vor allem auf das Krisengeschehen in Europa (hier vor allem in Deutschland und Großbritannien) sowie Nordamerika (USA) referieren. Die Nichtberücksichtigung großer Teile der Weltwirtschaft in der Darstellung lässt sich angesichts des zur Verfügung stehenden Platzes, aber auch angesichts der Literatur, die sich bis heute auf die Zentren der kapitalistischen Welt konzentriert, nicht vermeiden. Dies ist bedauerlich, weil die europäischen und nordamerikanischen Wirtschaftskrisen ihre «Pendants» in den sogenannten Kolonien bzw. Entwicklungsländern besaßen und besitzen, deren Entwicklung nicht selten vom Krisengeschehen des «Nordens» und dem Verhalten der dortigen Akteure maßgeblich beeinflusst wurde. Im Rahmen dieser Einführung ist es freilich nicht anders möglich. Immerhin zeichnen sich die Konturen einer Krisengeschichte ab, die keineswegs nur für den «Westen» von Belang ist. Der Aufstieg Asiens in der kapitalistischen Weltwirtschaft zeigt, dass auch dort mit Krisenphänomenen zu rechnen ist, die in Europa und den USA seit dem frühen 19. Jahrhundert gang und gäbe sind.

II. Das Wissen um die Krise –
Ein kurzer Überblick

Es ist heute selbstverständlich, dass der Staat auf Wirtschaftskrisen mit den Mitteln der Wirtschafts-, Finanz- und Sozialpolitik reagiert, um deren Folgen zu begrenzen, wenn nicht bereits versucht wird, Krisen durch antizyklische Maßnahmen ganz zu vermeiden. Diese Vorgehensweise ist keineswegs besonders alt.

Denn um derartige Eingriffe in das wirtschaftliche Geschehen tätigen zu können, reicht guter Wille allein nicht aus. Zunächst einmal muss man wissen, womit man es eigentlich zu tun hat. Sodann stellt sich die Frage nach der richtigen «Medizin» für das diagnostizierte ökonomische Problem. Das Wissen um die Diagnose und den Umgang mit Krisen hängt daher vor allem davon ab, inwieweit es überhaupt möglich ist, das Krisengeschehen angemessen zu erfassen und zu interpretieren. Wirtschaftsstatistik und Wirtschaftstheorie stehen daher am Anfang aller krisenhistorischen Überlegungen.

Die aus krisenhistorischer Sicht notwendigen makroökonomischen Daten etwa zum Inlandsprodukt, zur Geldmenge, zur Investitionsquote oder zur Arbeitslosigkeit lagen vor 1945 bestenfalls rudimentär vor. Erst Ende des 19. Jahrhunderts begann man damit, eine regelrechte Wirtschaftsstatistik zu betreiben. In der Zeit kurz vor dem Ersten Weltkrieg und dann insbesondere in der Zwischenkriegszeit entstanden neben der amtlichen Statistik der verschiedenen Staaten, die die wirtschaftliche Tätigkeit auf ihren Territorien aus administrativen, steuerlichen und politischen Gründen zu dokumentieren begannen, zusätzlich Einrichtungen der Wirtschaftsbeobachtung und der Konjunkturforschung. Die erste Institution dieser Art war das National Bureau of Economic Research, das 1912 in den USA errichtet wurde und bis heute als das weltweit wichtigste Konjunkturforschungsinstitut gilt. 1925 wurde in Berlin auf Initiative von Ernst Wagemann (1884–1956), dem Präsidenten des Statistischen Reichsamtes, das Institut für Konjunkturforschung (heute: Deutsches Institut für Wirtschaftsforschung (DIW)) gegründet. Nach dem Zweiten Weltkrieg nahm die Zahl der Forschungsinstitute weiter zu; allein in Deutschland bestehen derzeit sieben einschlägige Einrichtungen mit zum Teil mehr als hundertjähriger Geschichte. Insofern kann man davon ausgehen, dass erst seit den 1920er Jahren einigermaßen verlässliche Daten zur Konjunktur- und Krisenentwicklung existieren und erst seit dem Zweiten Weltkrieg mit der mittlerweile international standardisierten volkswirtschaftlichen Gesamtrechnung eine exakte Konjunktur- und Krisenstatistik möglich geworden ist. Vor 1914 behalf man sich mit einfacheren, aber durchaus aussagefähigen Indikatoren, insbesondere mit Daten zur Preis- und zur Zinsentwicklung, zum Außenhandel sowie zu den Insolvenzen, die allerdings noch nicht national bzw. international standardisiert waren und daher nicht immer exakte Informationen, sondern eher Anhaltspunkte zum Konjunkturverlauf lieferten.

Wie diese Daten aufzufassen und welche Reaktionen auf sie naheliegend bzw. wünschenswert waren, ergab sich allerdings keineswegs unmittelbar aus den Zahlen selbst. Dies hing vielmehr – genau wie heute – vom Einfluss großer Lobby-Gruppen, die den Staat in die eine oder andere Richtung zu bewegen suchten, vor allem aber vom jeweiligen Stand der ökonomischen Theorie ab, die ihrerseits auf das ökonomische Geschehen reagierte. Man kann geradezu von einer Art Koevolution von ökonomischer Entwicklung und ökonomischem Wissen ausgehen, die sich also keineswegs im Sinne eines stabilen Fortschrittsprozesses als Erweiterung und Verbesserung unseres Wissens begreifen lässt. Der Ideenvorrat in dieser Koevolution war und ist zudem beschränkt. Im Grunde stehen sich zwei große Lager gegenüber, und zwar auf der einen Seite die klassische und die neoklassische Wirtschaftstheorie, die Krisen als zu vermeidende Gleichgewichtsstörungen ansehen, auf der anderen Seite Theoretiker wie Joseph A. Schumpeter (1883–1950), die Konjunkturzyklen für die eigentliche Form des kapitalistischen Prozesses halten und sie daher im Grundsatz sogar begrüßen, da sie wesentliche Momente des ökonomischen und technologischen Strukturwandels darstellen. Für Schumpeter sind ökonomische Gleichgewichte bestenfalls Durchgangsstadien, keinesfalls aber stabile Zustände einer Volkswirtschaft.

Für die vormoderne Zeit kann man von einer ökonomischen Theorie zur Bewältigung von wirtschaftlichen Störungen kaum sprechen. Das bedeutete aber nicht, dass man sich um den Umgang mit dem stets drohenden Mangel keine Gedanken machte. Sowohl ältere Fürstenratgeber wie jüngere merkantilistische und kameralistische Texte rieten den Obrigkeiten, Vorratshaltung zu betreiben und Wucherpreise sowie das Ausnutzen von Notlagen durch Preistaxen und Verbote zu verhindern. Die sogenannte Hausväterliteratur des 17. und 18. Jahrhunderts kreiste zusätzlich um den Gedanken der nachhaltigen Haushaltsführung, die durch umsichtiges Wirtschaften das Überleben des Hauses ggf. auch unter schwierigen Bedingungen ermöglichen sollte. In einer noch wesentlich statischen Welt hatte diese uns heute als konservativ und fortschrittsskeptisch erscheinende Literatur gleichwohl ihren guten Sinn, indem sie auf das Bewährte setzte. Alles andere war zu riskant.

Die klassische Ökonomie, die seit dem 18. Jahrhundert in Großbritannien aufkam und sich von dort aus auf den Kontinent und die USA ausbreitete, setzte sich mit Wirtschaftskrisen «an sich», also dem spätestens zum Ende des 18. Jahrhunderts auftauchenden Phänomen von Konjunkturschwankungen, nicht wirklich auseinander. Diese mochte es geben. Aber sie wurden als Phänomene aufgefasst, die auf externe Ursachen zurückzuführen waren. Die kapitalistische Ökonomie hingegen funktionierte in diesem vom Newton'schen Gleichgewichtskonzept bestimmten ökonomischen Denken zumindest dann reibungslos, wenn Wettbewerb und freier Markt garantiert waren. Dann schuf sich, so die klassische Formulierung durch den französischen Ökonomen Jean-Baptiste Say (1767–1832), jedes Angebot seine Nachfrage, da bei der Produktion von Gütern jene Löhne gezahlt würden, die zu deren Konsum notwendig waren. Das Say'sche Theorem sah von Verteilungsfragen ab, und auch die Märkte funktionierten dieser Ansicht nach ohne Zeitverzögerung, sodass zumindest theoretisch jedes Gut einen Käufer fand. Es konnte, so räumte der englische Philosoph und Ökonom John S. Mill (1806–1873) später ein, durchaus Marktverzerrungen und Spekulationserscheinungen geben, doch war deren systematische Bedeutung gering. Wirtschaftskrisen als Ausdruck der normalen Funktionsweise kapitalistischer Marktwirtschaften kamen in dieser Sicht nicht vor. Das Wirtschaftssystem tendiere vielmehr selbst nach externen Störungen immer wieder zu krisenfreien Gleichgewichtszuständen.

Einwände gegen diese Annahmen, die etwa der englische Nationalökonom Thomas R. Malthus (1766–1834) oder der Schweizer Historiker und Ökonom Simonde de Sismondi (1773–1842) erhoben, fanden kein Gehör. Die Krisen der ersten Hälfte des 19. Jahrhunderts waren zwar unübersehbar; sie galten aber entweder als extern verursacht, insbesondere durch Klimaphänomene wie die europaweiten Missernten der Jahre 1817 bis 1819, oder wurden als Spekulationsphänomene betrachtet, die entsprechend auf falsches Akteursverhalten zurückgeführt wurden. Erst Karl Marx (1818–1883) sollte diese Vorstellung Mitte des 19. Jahrhunderts wirkungsvoll in Frage stellen, ohne aber das Gleichgewichtsparadigma damit aus den Angeln heben zu können. Er verfing sich vielmehr in den Fallstricken der «objektiven» Werttheorie – nach der der Wert eines Gutes «objektiv» durch die Kosten seiner Herstellung, insbesondere die Arbeitskosten bestimmt war – was ihn letztlich wohl auch hinderte, seine größeren ökonomischen Arbeiten zu publizieren. Der Kern seines Argumentes bezog sich auf die Form und die Bedingungen der Kapitalverwertung. Die Vorstellung, dass in der Verwertung des Kapitals ein höherer Wert produziert wird als zur Reproduktion der verwendeten Arbeitskraft nötig ist (Lohn), hebelt das Say'sche Theorem aus. Denn nun muss es notwendig zu Problemen bei der Realisierung des Profits kommen, da der Wert der gesamten produzierten Gütermenge größer ist als die Kosten seiner Erstellung und die Güter daher nicht ohne Weiteres Käufer finden bzw. der Preis mancher Güter notwendigerweise unter ihren Arbeitswert fallen muss, sodass die Hersteller dieser Güter ihren in der Produktion eigentlich erzielten Mehrwert am Markt nicht realisieren können. Ein unbarmherziger Konkurrenzkampf der Kapitalisten untereinander ist die Folge, der an sich schon krisenhaft werden kann. Im Ergebnis dieses Kampfes entspricht nach Marx dann aber doch die Summe aller Werte der Summe der realisierten Preise, sodass Say wiederum Recht bekommt, nur hat eben der eine Kapitalist auf Kosten des anderen seinen Absatz erhöht. Der Kapitalismus führt insofern zu einem krisenverursachenden Kampf der Kapitalisten untereinander, die jeweils versuchen, ihre Profite zu maximieren, woraus eine ständig wiederkehrende Spirale resultiert: Überinvestition, Überproduktion, harter Konkurrenzkampf, Krise, Vernichtung von Kapital, Neuanfang. Zugleich konstatierte Marx eine generelle

Tendenz zum Fallen der Profitrate, da der Mehrwert nur durch Ausbeutung des variablen Kapitals (d. h. insbesondere die aufzuwendende Lohnsumme) gewonnen werden könnte, dessen Anteil am Gesamtkapital im Laufe der Entwicklung aber zugunsten des fixen Anlagekapitals (Maschinen, Gebäude etc.) sukzessive zurückgehe. Dadurch sänken die Profitraten tendenziell und der Konkurrenzkampf würde härter. Versuche, das Problem durch Marktausweitung (Imperialismus, Kolonialismus) zu entschärfen, könnten nur von begrenztem Erfolg sein bzw. verschärften die Konkurrenz der imperialistischen Staaten untereinander. Der Kapitalismus liefe demnach durch eine Vielzahl kleinerer, sich verschärfender Krisen auf seine finale Krise zu.

Das Konzept von Marx und seinen Nachfolgern traf wesentliche Punkte der Struktur des modernen Kapitalismus, auch wenn sich seine arbeitswerttheoretische Grundierung als unzulänglich herausstellte. Es erklärte die Konjunkturzyklen durchaus schlüssig mit der Annahme, dass sich die Produktion im Aufschwung infolge der großen Konkurrenz zu stark ausdehne, was schließlich zu scharfen Kontraktionen führen müsse. Nur litt das Konzept unter seiner theoretischen und geschichtsphilosophischen Aufladung. Marx unterschätzte den ökonomischen und technischen Strukturwandel, den gerade der von ihm beschriebene Konkurrenzmechanismus maßgeblich beschleunigte. Durch ihn begann der Prozess der Kapitalverwertung mit immer neuen Produkten stets von Neuem. Von einem tendenziellen Fall der Profitraten konnte keine Rede sein – und auch seine Krisen indizierten eben nicht das nahende Ende des Kapitalismus, sondern seine Virilität.

Dass Schwankungen ein notwendiges Moment der kapitalistischen Entwicklung sind, wollte die neoklassische Schule der Nationalökonomie, die seit den 1880er Jahren ihren Aufstieg in einer Phase der ökonomischen Prosperität erlebte, trotz der unbestrittenen Beobachtungen Clement Juglars in den 1860er Jahren nicht akzeptieren. Die Tendenz zum Gleichgewicht folgte hier nicht aus dem Say'schen Theorem, sondern aus der Überlegung heraus, dass sich bei freier Preisbildung ökonomische Aktivität nur lohne, solange der mit ihr verbundene Aufwand durch den Ertrag gedeckt werde. Die Preise haben in dieser Sicht nichts mehr mit irgendwelchen Werten der Güter zu tun, sondern sind zumindest vom Konzept her Marktpreise, die sich, bestimmt durch Angebot und Nachfrage, so bilden, dass Gleichgewichtspreise entstehen, zu denen die Märkte geräumt werden. Bei freier Preisbildung gibt es folgerichtig kein Absatzproblem und auch keine unfreiwillige Arbeitslosigkeit. Krisen oder Störungen sind in diesem Rahmen nur als Folge externer Effekte vorstellbar, insbesondere dann, wenn die freie Preisbildung behindert wird. Aufgabe des Staates sei es, die freie Preisbildung zu garantieren und sich ansonsten aus dem ökonomischen Geschehen herauszuhalten (Nachtwächterstaat). In der Neoklassik, eng verbunden mit den Namen Carl Menger (1840–1921), Eugen von Böhm-Bawerk (1851–1914), William S. Jevons (1835–1882), Léon Walras (1834–1910) und Alfred Marshall (1842–1924), kann es Krisen aus endogenen Gründen nicht geben.

Die gleichwohl vorhandenen Krisenerscheinungen erklärte man in diesem Rahmen insbesondere durch die Wirkung des Zinsmechanismus, auf den etwa Knut Wicksell (1851–1926) hinwies. In Situationen, in denen das Bankensystem den Marktzins unter dem Gleichgewichtszins fixiere, entstehe für Unternehmen ein großer Anreiz, Kapital aufzunehmen, zu investieren und die Produktion auszuweiten, und zwar weit über das hinaus, was die Konsumenten abzunehmen bereit seien. Es entstehe eine Situation der Überinvestition, die sich schließlich in einem Zusammenbruch der Preise, dem Rückgang von Produktion und Absatz sowie einer Angleichung von Markt- und Gleichgewichtszins äußere. Der Zinsmechanismus berge mithin erhebliche Gefahren; insbesondere die Zinspolitik der Zentralbanken könne verheerende Folgen für das volkswirtschaftliche Gleichgewicht haben. Das politische Credo der Neoklassik lief daher darauf hinaus, den ökonomischen Prozess möglichst unreguliert, geschützt nur vor Störungen des Marktmechanismus, sich entwickeln zu lassen. Krisen, sollten sie auftreten, wurde geradezu etwas Positives im Sinne der Marktbereinigung zugesprochen, da man annahm, sie korrigierten durch falsche Zinssignale ausgelöste Fehlentwicklungen.

Für Joseph A. Schumpeter hingegen war der Gleichgewichtszustand statisch, Inbegriff des Stillstands. Die Dynamik der kapitalistischen Ordnung ließ sich so nicht ausreichend erfassen. In seiner Theorie der wirtschaftlichen Entwicklung stellte Schumpeter deshalb einen wiederkehrenden Prozess der Gleichgewichtszerstörung durch den innovativen Unternehmer in den Mittelpunkt. Im Gleichgewichtszustand würden alle Unternehmen zu Grenzkosten produzieren. Alles bleibe beim Alten. In dieser Situation nun setze ein «Unternehmer», den Schumpeter vom reinen «Wirt» unterschied, der lediglich das Herkömmliche weiter betreibe, neue Produkte oder neue Produktionsverfahren auf dem Markt durch und könne somit so lange Pionierrenten erzielen, bis die neuen Produkte bzw. Verfahren so verbreitet seien, dass alle wiederum zu Grenzkosten im Gleichgewicht produzierten. Es handelt sich bei Schumpeters Modell im Kern also um die Darstellung von Innovationszyklen, wobei er zwischen kürzeren Konjunkturschwankungen, die vor allem aus Investitions- (Juglar-Zyklen) und Lagerhaltungszyklen (Kitchin-Zyklen) resultieren, und längerfristigen Schwankungen (Kondratjew-Wellen, benannt nach dem russischen Ökonom Nikolai Kondratjew, der als Erster die Existenz von langen Wellen auf der Basis der Auswertung von langen Preisreihen behauptet hatte) von etwa 50 bis 60 Jahren Länge unterschied. Die langen Schwankungen seien die Folge von sogenannten Basisinnovationen, die mit einem großen Effekt in die gesamte Volkswirtschaft ausstrahlten und über längere Zeit das gesamtwirtschaftliche Milieu zunächst im Aufschwung, dann aber auch im Abschwung bestimmten. In seiner Konjunkturlehre ging Schumpeter 1939 von bis dato drei langen Wellen aus, und zwar 1787–1842 und 1843–1897. Die dritte Welle, die 1896/97 begonnen haben sollte, sei in den 1930er Jahren noch nicht abgeschlossen. Die besondere Schwere der Weltwirtschaftskrise von 1929 ergab sich für Schumpeter folgerichtig aus dem Zusammentreffen einer Krise des Juglar-Typs mit dem oberen Wendepunkt einer langen Welle der Konjunktur. Abschwungphasen und «Krisen» folgen nach Schumpeter zwangsläufig auf den vorherigen Boom, wobei der so schwankende Prozess insgesamt zumindest so lange nach oben gerichtet ist, solange es genügend Innovationen gibt und ausreichend Unternehmer, die diese Innovationen auch gegen Widerstände durchsetzen.

Schumpeters Konjunkturtheorie, noch vor dem Ersten Weltkrieg entworfen und dann in den 1930er Jahren ausgearbeitet, blieb indes die zeitgenössische Anerkennung weitgehend versagt, vielleicht weil sie mit einem gewissen konjunkturpolitischen Fatalismus verbunden zu sein schien. Die Zeit verlangte jedenfalls nach einer Theorie der aktiven Konjunkturgestaltung und die hatte Schumpeter, abgesehen von seinen eher allgemeinen Aussagen zur Unternehmerschaft und zur Innovation, nicht zu bieten. Die wirtschaftlichen Erfahrungen der Zwischenkriegszeit waren allerdings auch für den ökonomischen Liberalismus der Neoklassik eine schwere Herausforderung, da nach den Verwerfungen von Krieg und Inflation die Wirtschaft erkennbar keinen neuen Gleichgewichtszustand krisenfreier Entwicklung erreichte, sondern im Gegenteil von Krise zu Krise zu taumeln schien. Offensichtlich gab es Zustände, in denen Ungleichgewichte, etwa auf dem Arbeitsmarkt, stabil waren und sich als dauerhaft erwiesen. Dies war der Ansatzpunkt der ökonomischen Theorie von John M. Keynes (1883–1946). Die Ausgangsbeobachtung war für den im Bereich der Gleichgewichtstheorie geschulten Keynes einfach: Offensichtlich können Ungleichgewichte dauerhaft sein. Die Frage, die sich dann stellte, war die nach den Ursachen der andauernden Ungleichgewichte, aus deren Beantwortung sich auch die Therapiemöglichkeiten ableiten lassen müssten. Keynes glaubte, im Hintergrund der Arbeitsmarktungleichgewichte eine gesamtwirtschaftliche Nachfrageschwäche erkennen zu können, die sich wiederum in einer Unterauslastung des Produktionsfaktors Arbeit niederschlüge. Der Grund für diese Nachfrageschwäche liegt nach Keynes – grob vereinfacht – in der Neigung von Unternehmen und Haushalten, sich bei negativen oder stark unsicheren Zukunftserwartungen mit Investitionen und Konsum zurückzuhalten, also in der Liquiditätspräferenz der Akteure. Dieses Phänomen, dass Marktteilnehmer nicht ökonomisch handeln und dadurch den Kreislauf massiv stören, kannte die Neoklassik nicht, in der jedes Einkommen automatisch zur Nachfrage nach Konsum- oder Investitionsgütern verwendet wird. Die durch die Liquiditätspräferenz erzeugte Nachfragelücke soll im Keynes'schen Konzept der Staat durch eine Erhöhung seiner autonomen (also kreditfinanzierten) Nachfrage so lange ausgleichen, bis die Arbeitsmarktungleichgewichte beseitigt seien und der wirtschaftliche Mechanismus wieder so in Gang gekommen ist, dass der Staat seine Aktivitäten zurücknehmen und die zuvor aufgenommenen Kredite tilgen kann. Damit war die Idee einer antizyklischen Konjunkturpolitik geboren, deren Grundgedanke ist, dass das volkswirtschaftliche Gleichgewicht sich nicht jeweils spontan einstellt, sondern ihm hin und wieder durch staatliches Eingreifen nachgeholfen werden muss. Eine in gewisser Hinsicht psychologische Krisentheorie wurde auf diese Weise mit der Vorstellung eines helfenden Staates kombiniert.

Diese Position war mit der neoklassischen Theorie durchaus kombinierbar, plädierte sie doch nur dort für ein aktives Eingreifen des Staates, wo sich das wirtschaftliche Gleichgewicht nicht spontan einstellte. Folgerichtig kam es in der Zeit nach dem Zweiten Weltkrieg zu einer Art Synthese aus neoklassischem und keynesianischem Denken. Konjunkturelle Bewegungen sind in dieser Sicht die Folge von externen Änderungen oder internen Verschiebungen, auf die das ökonomische System oder Teile hiervon durch eigene Veränderungen reagieren, die über den Multiplikator- und Akzeleratorhebel überdies dazu neigen, sich gegenseitig zu verstärken. Die ökonomische Entwicklungsdynamik ist folglich durch überschießende Reaktionen gefährdet, die es entsprechend auszugleichen gilt. Ziel ist ein Zustand gleichgewichtigen Wachstums, der durch staatliche Interventionen nicht nur in die Wirtschaftsordnung, sondern auch in ökonomische Prozesse selbst herzustellen ist. Diese Eingriffe sollen nicht willkürlich erfolgen, sondern das Ergebnis volkswirtschaftlicher Analyse sein, die sich daher darum bemühte, das ökonomische System in seiner Interdependenz exakt statistisch-mathematisch abzubilden, um Anpassungsreaktionen auf Veränderungen einzelner Parameter möglichst genau erfassen zu können. Diese wachstums- und konjunkturtheoretischen Annahmen bildeten den Hintergrund für die gesamtwirtschaftliche Steuerung, die in den 1950er und 1960er Jahren weltweit zum dominierenden Handlungsmodell wurde und auch in Westdeutschland 1967 bei der Verabschiedung des Stabilitätsgesetzes und der Popularisierung der «Globalsteuerung» Pate stand. Als es Anfang der 1970er Jahre darauf ankam, versagte diese allerdings ziemlich abrupt, da es ihr nicht gelang, die u. a. durch die vermehrten Staatsausgaben beschleunigte Inflation in den Griff zu bekommen, und die Hoffnung, eine leichte Inflation befördere die ökonomische Dynamik, enttäuscht wurde (Stagflation).

In dieser Krise der keynesianischen Globalsteuerung schlug die Stunde der «Monetaristen». Die Chicagoer Ökonomen Milton Friedman (1912–2006) und Anna J. Schwartz hatten bereits Jahre zuvor in ihrer Geschichte der amerikanischen Geldpolitik die These vertreten, die Krisen der Zwischenkriegszeit, insbesondere aber die Weltwirtschaftskrise, seien auf eine zu restriktive Geldmengenpolitik der US-Notenbank zurückzuführen. Nach ihrer hieraus abgeleiteten Auffassung entstehen Krisen immer dann, wenn sich Geldmenge und ökonomische Dynamik nicht parallel entwickeln. Deflation und Inflation sind folgerichtig gleichermaßen zu vermeiden, da sie zu krisenhaften Entwicklungen führen. Bei einer richtigen Geldmengenpolitik und zurückhaltender staatlicher Intervention bleiben Krisen hingegen aus, da freie Märkte stets perfekt funktionieren. In den 1970er Jahren geriet vor dem Hintergrund zunehmender Staatsdefizite und einer nachlassenden ökonomischen Dynamik daher sowohl in Großbritannien wie auch in den USA das gesamte bisherige – sich u. a. auf Keynes berufende – Modell der Wirtschaftssteuerung und des Sozialstaats in die Diskussion, da es in der Tat offensichtlich wirtschaftlich mehr und mehr an Dynamik verlor. Mancur L. Olson (1932–1998) führte diesen Umstand zusätzlich auch auf den Einfluss organisierter Interessen auf das öffentliche Handeln zurück, das immer mehr durch Partialinteressen auf Kosten des Allgemeinwohls beherrscht würde. Globalisierung, Deregulierung, Öffnung der internationalen Kapital- und Finanzmärkte und Dominanz der Geldmengenpolitik, vulgo: der Neoliberalismus, waren insofern theoretisch inspirierte Antworten auf die Krise der 1970er Jahre, die Staatsverschuldung, die nachlassende ökonomische

Dynamik und den verblassenden Glanz des Keynesianismus, der in der Folgezeit kurzerhand für tot erklärt wurde, bis ihn die jüngste Wirtschaftskrise erneut zum Leben erweckte.

Besonders gefragt sind nun bei der «Bekämpfung» der Wirtschaftskrise und der Neuausrichtung der Wirtschafts- und Finanzpolitik offenbar neokeynesianische Konzepte, wie sie etwa Hyman Minsky (1919–1996) verfochten hat oder wie sie Paul Krugman vertritt, Letzterer wohl auch deshalb, um mit der Dominanz des Monetarismus in den USA abzurechnen. Minskys Hauptargument bestand in der Annahme, dass die Akteure auf den Finanzmärkten eben nicht immer so handelten, dass es zu perfekten Marktgleichgewichten komme, sondern dass es durchaus rational sein könne, sich individuell anders zu verhalten – mit entsprechenden Folgen für die Funktionsweise der Märkte. Die Finanzmärkte wären aufgrund der Zukunftsunsicherheit der Akteure strukturell instabil; es käme zu Schwankungen, die sich unter bestimmten konjunkturellen Bedingungen krisenhaft zuspitzen können. Auf diese Weise kombinierte Minsky in seinen Arbeiten die Vorstellung von der strukturellen Instabilität der Finanzmärkte infolge von Unsicherheit mit der Erfahrung der zyklischen Bewegung der Ökonomie, eine These im Übrigen, die nicht alle Ökonomen vertreten, die die Finanzmärkte für endogen instabil halten. Paul Davidson und Charles Kindleberger (1910–2003) gehen ebenfalls von dieser Instabilität aus, sehen sie aber nicht als Ursache oder Erscheinungsform der zyklischen Bewegungen der Ökonomie. Davidson ist eher erstaunt, wie stabil die Finanzmärkte trotz der Unsicherheit der Akteure sind, während Kindleberger Finanzkrisen für unvermeidlich hielt, sie aber nicht mit dem Rhythmus der volkswirtschaftlichen Bewegung parallelisierte, sondern auf den Spekulationswillen der Akteure und die Ausdehnung der Geldmenge durch das Kreditsystem zurückführte. Die Folgerungen aus den jeweiligen Diagnosen sind unterschiedlich. Davidson plädiert für institutionelle Einhegungen, dagegen hielt Kindleberger derartige Krisen wohl für unvermeidlich. In welche Richtung sich die Krisendiskussion entwickeln wird, ist derzeit ungewiss. Sicher ist, dass das Konzept der perfekten Märkte auf absehbare Zeit ebenso an Einfluss

verlieren wird wie die Vorstellung von der Handlungsrationa-
lität der ökonomischen Akteure. Das Pendel scheint in Richtung
einer stärkeren Regulierung der Finanzmärkte auszuschlagen,
ohne dass wirklich klar ist, was das bedeuten wird.

Fasst man die theoretischen Vorstellungen über Wirtschaftskrisen zusammen, so fällt auf, dass es in der Tat keine eigentlichen Krisentheorien gibt, dafür aber um so mehr Vorstellungen
von Gleichgewichtsstörungen, seien sie nun notwendiger oder
vermeidbarer Art. Man gewinnt insbesondere den Eindruck,
dass für zahlreiche Ökonomen monetaristischer oder keynesia-
nischer Herkunft Krisen vermeidbare Phänomene sind. Der Ball
ist damit auf das Spielfeld der Politik gespielt, die durch entsprechende Maßnahmen konstante Entwicklungen ermöglichen
soll. Die historische Evidenz spricht freilich dagegen, da Staaten
durch eine aktive Konjunkturpolitik, unabhängig von ihrer
Wirksamkeit, rasch überfordert sind. Krisen sind vielmehr – hier
ist Marx und später Schumpeter Recht zu geben – Momente des
kapitalistischen Strukturwandels und erfüllen somit ihre notwendigen Funktionen. Die modernen Krisen haben also durchaus einen systematischen Charakter, insofern sie eine für den
Kapitalismus typische Erscheinung darstellen. Andererseits, und
die nachfolgende Darstellung wird es zeigen, besitzt jede Krise
auch ihren ganz eigenen Charakter. Der Verweis auf ihren sys-
tembedingten Hintergrund reicht mithin zu ihrem Verständnis
nur sehr bedingt aus; es kommt zusätzlich darauf an, Krisen in
ihrer jeweiligen historischen Eigenart zu begreifen.

III. Das Elend Alteuropas:
Wirtschaftskrisen der vorindustriellen Zeit

Die alteuropäische Welt, die bis zur Mitte des 19. Jahrhunderts
vorherrschend war, lebte wirtschaftlich an der Subsistenzgrenze.
Klimatisch bedingte Ernteausfälle stellten eine permanente Bedrohung dar. Die Auswirkungen der hierdurch ausgelösten Ag-

rarkrisen waren umso verheerender, je größer die Bevölkerung in vermeintlich guten Zeiten angewachsen war. Hieran gemessen sind die eher seltenen Spekulationskrisen und die nicht ganz so seltenen Staatsbankrotte, die es auch in der vormodernen Welt gab, von wirtschaftlich untergeordneter Bedeutung geblieben. Sie zeigten freilich schon seit dem 17. Jahrhundert ein Muster, das bis in die Gegenwart andauert. Sowohl auf die älteren «Agrarkrisen und Agrarkonjunkturen» (Wilhelm Abel) wie auf die vereinzelten Spekulationskrisen der vormodernen Zeit lohnt es sich also, einen genaueren Blick zu werfen.

Krisen des «type ancien» In einer Subsistenzwirtschaft, in der die Erzeuger das eigene Produkt unmittelbar verbrauchen, schlagen sich Ernteschwankungen zunächst vor allem in den Erntemengen nieder. Schlechte Ernten können sich schnell zu existenzbedrohenden Krisen ausweiten, da die verfügbare Kalorienmenge nicht ausreicht, um Mensch und Vieh zu ernähren. Gute Ernten ermöglichen hingegen ein zeitweiliges Aufblühen der Wirtschaft sowie einen Zuwachs an Menschen und Vieh, der freilich in der nächsten Krise zu einer schweren Hypothek werden kann. Reine Subsistenzverhältnisse waren jedoch in Mittel- und Westeuropa spätestens seit dem Spätmittelalter selten. Hier waren die bäuerlichen Betriebe direkt oder indirekt in das lokale und regionale Marktgeschehen einbezogen, insofern ein Teil der Ernte verkauft werden musste, um Abgaben bezahlen und Güter und Dienstleistungen kaufen zu können. In einer bereits teilweise oder weitgehend marktintegrierten Welt wirken sich Ernteschwankungen vermittelter, damit aber unter Umständen umso schwerwiegender aus. Modellhaft gesehen steigt bei sinkenden Ernteerträgen der Preis; bei steigenden Erträgen fällt er. Das führte zu dem vielbeachteten Phänomen, dass größere Erntemengen u. U. einen geringeren (Markt-)Wert hatten und daher nicht alle Anbieter von Agrarprodukten an hohen Erntemengen interessiert waren. Vielmehr wurde bei großen Erntemengen das Angebot künstlich verknappt, um das Preisniveau zu stabilisieren; eine Strategie, die immer wieder Anlass zu massiven Protesten von Teilen der ländlichen und städtischen Bevölkerung gab und die Obrigkeiten dazu veranlasste, durch umfangreiche Vorschriften derartige Verkaufspraktiken zu unterbinden.

Normalerweise war der Zusammenhang jedoch komplizierter. Unterstellt man zu Recht, dass die Kaufkraft der nichtlandwirtschaftlichen Bevölkerung zumindest im Regelfall gering war, so führten steigende Agrarpreise zunächst zu einer Verdrängung der Nachfrage nach nichtagrarischen Gütern, da die Einkommen zu einem steigenden Anteil für Nahrungsmittel aufgewandt werden mussten. Hielt die Teuerung an, so kam es danach zur Substitution höherwertiger durch minderwertige Nahrungsmittel, schließlich breiteten sich insbesondere bei den einkommensschwachen Schichten Hunger und Krankheiten, Bettelei und Devianz aus; die Sterberate stieg drastisch an. Die Teuerung traf indes nicht allein die städtischen und ländlichen «Verbraucher». Die mit ihr verbundene Verdrängung der Nachfrage nach gewerblichen Gütern führte wiederum zu sinkenden Preisen im Gewerbe, sodass die Hersteller gewerblicher Güter, insbesondere also städtische, aber auch ländliche Handwerker entweder ihre Produktionskosten senken oder die Produktion selbst einstellen mussten. In der Folge hoher Nahrungsmittelpreise ging entsprechend auch die gewerbliche Produktion zurück, die Löhne sanken und die nichtlandwirtschaftliche Arbeitslosigkeit nahm zu. Hohe Agrarpreise bewirkten daher ein Dilemma, aus dem es kaum einen Ausweg gab: sie verteuerten die Preise und senkten die Einkommen, nicht zuletzt auch in Handwerk und Gewerbe.

Dieses Problem betraf indes nicht alle Haushalte. Auf der Seite der Anbieter von Agrarprodukten war die Situation differenzierter. Hier waren vielmehr jene landwirtschaftlichen Betriebe sogar Nutznießer geringer Ernten, die über eine hohe Marktquote verfügten, sodass sinkende Verkaufsmengen durch steigende Preise unter Umständen mehr als kompensiert werden konnten, in jedem Fall aber auch bei sinkenden Ernteerträgen ausreichend vermarktbare Überschüsse verblieben. Mittlere und kleine Höfe mit geringer Marktquote hingegen litten unter der Ernteverknappung und der Teuerung, da die vermarktbare Menge geringer wurde bzw. ganz verschwand, hingegen Nahrungsmittel und Saatgut sogar zugekauft werden mussten. Bei der ohne-

hin dauernd von Not geplagten landarmen Unterschicht wurden
Ernteausfälle zur Katastrophe, da alternative Möglichkeiten der
Nahrungsbeschaffung kaum existierten und auch das gemein-
schaftlich genutzte Land (Allmenden) schnell übernutzt war.
Entsprechend breiteten sich in Krisen der Hunger und das Bettel-
wesen aus, wobei sich ländliche Arme nicht selten auf den Weg
in die Städte machten, in denen dank der Bevorratungspolitik
der Magistrate die Versorgungslage zumeist noch etwas günstiger
als auf dem Land war. Steigende Agrarpreise kamen so vor allem
den ländlichen Großproduzenten, also den «Herren» zugute,
während die Restbevölkerung in eine umfassende Krise ab-
rutschte. Von guten Ernten jedoch profitierten sowohl die Be-
wohner der Städte als auch die Masse der Landbewohner. Lediglich für die rationell arbeitenden großen Betriebe waren sinkende
Agrarpreise eine Ursache zurückgehender Einkommen.

Verlässt man die Ebene der kurzfristigen Betrachtung und
nimmt lang- und mittelfristige Entwicklungen mit in den Blick,
so stellt sich der Zusammenhang vorindustrieller Agrarkonjunkturen und Agrarkrisen aufgrund der Berücksichtigung der
Bevölkerungsentwicklung noch etwas komplexer dar. Für Alteuropa kann man generell einen mittelfristigen Zusammenhang
von Bevölkerungsentwicklung und wirtschaftlicher Performanz
feststellen, der sich modelltheoretisch folgendermaßen fassen
lässt: Mit wachsender Bevölkerung nehmen zunächst die land-
wirtschaftliche und gewerbliche Produktion zu, die Agrarpreise
steigen und die Einkommen erhöhen sich ebenso wie die (zumeist festgelegten) absoluten Abgabemengen, aber die Abgabequoten stagnieren oder gehen zurück. Da aber die Bevölkerung
rascher zunimmt als die agrarische Produktivität, wird schließlich das Nahrungsangebot pro Kopf geringer (malthusianische
Falle). Die Überlebenschancen der Bevölkerung sinken. Nun beginnt ein umgekehrter Prozess mit zurückgehender Bevölkerung
und sinkender Produktion, steigenden Abgabequoten, sinkenden Agrarpreisen und steigenden Reallöhnen. Auf diese Weise
kann man mittel- bis langfristige Wechsellagen («lange Wellen»)
unterscheiden, wobei in den Aufschwungphasen das Pro-Kopf-
Einkommen in der Regel gesunken ist, während in den Ab-

schwungphasen bei schrumpfender Bevölkerung und sinkenden Preisen der Lebensstandard der breiten Bevölkerung deutlich zugenommen haben dürfte. Kritisch waren vor allem die Zeiträume, in denen ein mittelfristiger Wachstumsprozess der Bevölkerung nach und nach zum Stillstand kam und eine Schrumpfung der Bevölkerung durch Hunger, Krankheit und Tod einsetzte, wie etwa bei der Pestpandemie seit der Mitte des 14. Jahrhunderts oder der Kleinen Eiszeit seit dem zweiten Drittel des 16. Jahrhunderts (Absinken der Durchschnittstemperaturen in Europa zwischen dem letzten Drittel des 16. und der Mitte des 19. Jahrhunderts). Die Wirkung kurzfristiger Ernteschwankungen war entsprechend unterschiedlich, je nachdem ob sie in eine langfristige Auf- oder Abschwungphase fielen.

Bestimmt man die mittelfristige Entwicklung der europäischen Wirtschaften vor 1800 genauer, so kann man bei allen regionalen und nationalen Unterschieden ein bestimmtes Muster erkennen, dessen deutlichster Ausdruck die Bevölkerungsentwicklung war.

Bis zum Beginn des 14. Jahrhunderts gab es einen wirtschaftlichen Aufschwung und einen entsprechenden Anstieg der Bevölkerung, an den sich die Krise des 14. Jahrhunderts mit einer drastischen Reduzierung der Bevölkerung infolge der Pest anschloss. Von einem niedrigen Niveau wuchs die Bevölkerung im 15. und in den ersten beiden Dritteln des 16. Jahrhunderts langsam wieder an; ein Anstieg, der in die vor allem mitteleuropäische Krise des späten 16. und 17. Jahrhunderts mündete, in der wiederum die Bevölkerungszahl zumindest im Alten Reich deutlich sank. Im 18. Jahrhundert setzte auch hier eine langsame Erholung ein, die in die vermeintliche Überbevölkerung zu Ende des 18. Jahrhunderts überging. Diese bildete den Hintergrund für die seinerzeit überaus plausiblen Thesen von Thomas R. Malthus, nach der die Bevölkerung dazu tendiere, schneller als der Nahrungsmittelspielraum zu wachsen, was zwangsläufig immer wieder zu Anpassungskrisen führen müsse, schränke die Obrigkeit das Bevölkerungswachstum nicht drastisch ein.

Für den Lebensstandard der Menschen gab es vor allem in den Aufschwungphasen bei noch relativ niedriger Bevölkerung günstige Bedingungen. Mit anhaltend wachsender Bevölkerung sank hingegen der Lebensstandard, sodass es schließlich bei relativer Überbevölkerung bzw. bei Erreichen von (klimatisch ggf. erhöhten) Produktivitätsbarrieren zu schweren Krisen kommen musste. Folgerichtig war der Lebensstandard in vielen europäischen Gesellschaften im 15. Jahrhundert vergleichsweise hoch, was zu der Tatsache passt, dass die damaligen Fleischverbrauchsmengen zum Teil erst im 20. Jahrhundert wieder erreicht wurden. Mit der durch den Gold- und Silberzustrom aus Amerika zusätzlich angeheizten, vor allem aber durch das Bevölkerungswachstum ausgelösten Teuerung seit dem zweiten Drittel des 16. Jahrhunderts ging der Lebensstandard deutlich zurück. Der Beginn der Kleinen Eiszeit führte dann zu einem drastischen Rückgang der Bevölkerung, der nicht zuletzt wegen des Dreißigjährigen Krieges in Deutschland bis in die zweite Hälfte des 17. Jahrhunderts anhielt. Seit der Mitte des 16. Jahrhunderts änderte sich die Ernährungsweise auf dem Lande grundlegend zugunsten einfacher bis einfachster Speisen («Brei und Mus»). Das Vieh wurde vielerorts zum Nahrungskonkurrenten und verschwand vom Lande. Die verbreitete Massenarmut ging auch im 18. Jahrhundert trotz relativ günstiger Bedingungen nicht zurück, sondern dauerte im Grunde bis in das 19. Jahrhundert an. Die ökologisch hochproblematische Übernutzung des Landes, von der in vielen Quellen die Rede ist, war daher auch eine Folge der wieder wachsenden Bevölkerung und der bei zunächst nur geringen Steigerungen der Agrarproduktivität verbreiteten harten Nahrungskonkurrenz. Diese Prozesse verliefen regional sehr unterschiedlich. Während sich in großen Teilen Mittel- und Osteuropas bis zum späten 18. Jahrhundert nur wenig änderte, wiesen Teile Englands, Nordfrankreichs und insbesondere die Niederlande schon seit dem Beginn des 18. Jahrhunderts aufgrund der verbesserten Agrarproduktivität deutlich bessere Lebensverhältnisse auf.

Im Rahmen dieser Entwicklungen kam es laufend zu Teuerungs- und Hungerkrisen, von denen hier einige etwas genauer betrachtet werden sollen. In den Jahren 1571 bis 1574 (Beginn der Kleinen Eiszeit) führten eine Reihe kalter Winter und verregneter Frühjahre zu massiven Ernteausfällen, die vor allem im kontinentalen Mitteleuropa zu drastischen Preiserhöhungen insbesondere für Getreide führten, während die leichter zu versorgenden Hafenstädte glimpflicher davonkamen. Hunger und Tod nahmen zu, es kam verbreitet zu aggressiver Bettelei, was verschiedene Städte zu entsprechenden Abwehrmaßnahmen veranlasste (etwa Zuzugssperren für Stadtfremde). Gleichzeitig versuchten zum Beispiel Nürnberg und Augsburg durch zusätzliche Getreidekäufe die eigene Bevölkerung notdürftig zu versorgen. Aber es half wenig. Trotz aller Maßnahmen vervierfachte sich in dieser Zeit in Augsburg die Todesrate. Eine zeitgenössische Augsburger Quelle wusste zu erzählen, «daß das Landvolk in Scharen vor den Toren Augsburgs zusammenlief und um Brot und Arbeit bettelte, die auf dem Land nicht mehr zu gewinnen waren. Ein anderer Augsburger Bürger berichtete, dass ‹oben im Land› die Menschen vor Hunger und Schwäche nicht mehr hätten gehen können und viele Personen des Hungers halber gestorben seien.» Und in einer Thüringer Chronik ist zu lesen, im Jahr 1571 sei «der Kornkauf von Tag zu Tag heftig gestiegen, dadurch dann groß Jammer und Elend unter den armen Leuten erfolget ..., daß auch der Armen Kinder vor großem Hunger das junge Laub von den Bäumen gegessen haben» (Wilhelm Abel 1986).

Ähnlich dramatische Verhältnisse finden sich aufgrund der klimatisch widrigen Jahre 1771 und 1772 insbesondere in Sachsen, Bayern und der Schweiz. Die Bevölkerung auf dem Lande verarmte innerhalb kurzer Zeit vollständig; Hungerepidemien und gelegentlich beobachteter Kannibalismus riefen entsprechende, zum Teil hilflos wirkende Gegenmaßnahmen der Obrigkeit hervor. In Ansbach wurde die Tötung aller Hunde angeordnet; auch suchte man dort durch Zahlung geringer Prämien die Spatzen ausrotten zu lassen, da man sie als Nahrungskonkurrenten ansah. Doch alles half nichts. Augenzeugenberichte zeigen die Wirkungslosigkeit derartiger Maßnahmen. So berichtete im Herbst 1772 ein Pfarrer aus dem Erzgebirge: «Ich habe das Elend gesehen ... Die meisten Einwohner sind so notdürftig gekleidet, dass sie ihre Blöße nicht bedecken können, ihre Wohnungen von allem Hausgeräte, ihr Lager von Betten leer ... Viele Häuser, die ausgestorben waren, sind von ihren Nachbarn eingerissen, und das Holz verbrannt worden, um ihrer und ihrer Kinder Leben auf einige Tage zu fristen ... Viele wissen über keine Krankheit und Schmerzen zu klagen, aber geschwollen, keuchend, ganz verschmachtet taumeln sie umher, vermutlich sind ihre Eingeweide zusammengeschrumpft. Nur erst vor 14 Tagen hatte man in der Gegend von Eibenstock zwei Kinder, die in den Wald gegangen waren, um sog. Schwarzbeeren zu holen, auf der Straße aus Mattigkeit umgefallen und tot gefunden» (Wilhelm Abel 1986).

Waren es Ende des 16. und Ende des 18. Jahrhunderts vor allem schwere Winter und verregnete Frühjahre, die zu Hungerkatastrophen führten, so gab es 1816 wegen des Ausbruch des Vulkans Tambora in Indonesien – wohl der schwerste Vulkanausbruch der letzten 10 000 Jahre – in Nordamerika und weiten Teilen Europas überhaupt keinen Sommer. Dies hatte erhebliche Folgen für die Ernten 1816 und 1817, die sehr gering ausfielen und rasch zu steigenden Preisen und verbreiteter Hungersnot in Mitteleuropa führten. Zumindest aus Mittel- und Westeuropa verabschiedeten sich die alteuropäischen Krisen schließlich mit einer apokalyptischen Zuspitzung. 1846/47 kam es europaweit aufgrund schlechter Witterungsverhältnisse zu einem nur geringen Ausfall der Getreideernte. Die ohnehin steigenden Getreidepreise wurden aber von der grassierenden Kartoffelfäule in ihrer Wirkung dramatisch verstärkt, da sich seit der Durchsetzung des Kartoffelanbaus in Europa vor allem ärmere Bevölkerungsschichten auf eine Ernährung mit Kartoffeln umgestellt hatten, weil sie gemessen in Kalorien wesentlich höhere Hektarerträge als der traditionelle Getreideanbau ergab. Der Ausfall der Kartoffelernte und die hohen Agrarpreise stürzten die Menschen dort, wo ein Ausgleich der Versorgung nicht möglich war, ins Elend. Am schlimmsten traf es Irland, das innerhalb weniger Jahre zwei Drittel seiner Bevölkerung verlor: Ein Drittel starb und ein weiteres Drittel wanderte nach Amerika aus, ein Ausmaß des Bevölkerungsverlustes, von dem Irland sich bis weit in das 20. Jahrhundert hinein nicht erholen sollte.

Den Kontinent traf die Agrarkrise der Jahre 1846/47 nicht mehr ganz so hart, weil mittlerweile das Eisenbahnnetz den Austausch von Agrargütern zwischen Überschuss- und Mangelgebieten ermöglichte, der zuvor wegen prohibitiv hoher Transportkosten unterblieben war. Gleichwohl war die Lage eines Großteils der armen Bevölkerung alles andere als gut. In Deutschland erlebte der Pauperismus, also die verbreitete frühindustrielle Massenarmut, noch einmal einen Höhepunkt, dessen Auswirkungen zweifellos auch das revolutionäre Klima des Jahres 1848 mitbestimmten. Aber die Agrarkrise jener Jahre war die letzte, die noch nach altem Muster verlief, auch wenn die neuere Forschung darauf hinweist, dass es noch in den 1860er Jahren gelegentlich zu Hungerphänomenen kam, zumal der Eisenbahnbau ja nicht nur den regionalen Austausch von Nahrungsgütern, sondern auch deren Export erleichterte. Danach beendete die Steigerung der Agrarproduktivität die Mangelerscheinungen. Ganz im Gegensatz zur Vormoderne litt und leidet die Landwirtschaft seit jener Zeit an Überproduktion und tendenziell sinkenden Preisen, ein Zustand, der die Verhältnisse in Alteuropa regelrecht auf den Kopf stellt.

Spekulationskrisen in Alteuropa   Die jüngere wirtschaftshistorische Forschung hat sich längst von der lange geltenden Vorstellung gelöst, Europa, zumindest Mittel- und Westeuropa, sei ein einigermaßen homogener Wirtschaftsraum gewesen. Vielmehr gab es vor 1800 in einem mehr oder weniger entwickelten landwirtschaftlichen «Meer» einige hochentwickelte «Inseln», Städte und bestimmte Regionen, die sich durch hohe Bevölkerungsdichte, vergleichsweise moderne Lebenstechniken, vor allem aber durch einen höheren Lebensstandard auszeichneten. Die regionale Differenzierung und das Stadt-Land-Gefälle sind in der Tat wesentliche Faktoren der älteren Wirtschaft, und entsprechend findet sich in hochentwickelten Städten wie Amsterdam, London und Paris seit dem 16. Jahrhundert eine auch wirtschaftlich schon durchaus moderne Welt. Banken, international tätige Handelshäuser, große Handelskompanien und Börsen mit regem Wechselverkehr bestimmten beispielsweise in Amsterdam seit dem 16. Jahrhundert den Alltag. Der Umschlag großer Warenmengen, deren Beschaffung vorfinanziert werden musste und die dann zu – so hoffte man – höheren Preisen weiterverkauft werden konnten, war hier längst an der Tagesordnung, als auf dem Lande noch fliegende Händler und seltene Jahrmärkte das

Bild bestimmten. Entsprechend finden sich in diesen Zentren der Weltwirtschaft auch erste Kredit- und Spekulationsphänomene, die sich unter «günstigen» Umständen zu Blasen entwickeln konnten, die dann mit einem entsprechenden Knall zerplatzten. Diese Spekulationskrisen liefen nach einem gewissen Schema ab, das bis heute verbreitet ist. Die Preissteigerung eines Gutes bzw. positive Gewinnerwartungen bezüglich bestimmter Geschäfte oder in bestimmten Regionen der Welt, möglicherweise damit verbundene Handelsmonopole oder -privilegien, steigerten das spekulative Engagement zunächst wohlhabender Menschen, dann auch breiterer Kreise der Bevölkerung, was seinerseits wiederum preistreibend wirkte. Die Preise der betroffenen Güter bzw. die Börsenkurse des einschlägig tätigen Unternehmens schossen nach oben, was einen in der Regel kreditfinanzierten weiteren Spekulationsschub auslöste, da nun in großem Maße auch sogenannte Arbitrageure, also Spekulanten, die nur an den Kursveränderungen, nicht aber an den Gütern oder den Unternehmen selbst interessiert waren, auf die Märkte drängten. Je leichter Kredite zu bekommen waren, umso mehr lohnte sich das Geschäft der Arbitrageure, die den Markt häufig auch durch andere Maßnahmen, wie Gerüchte, Insider-Informationen und dergleichen, unter Dampf hielten. Die Preise und Kurse stiegen weiter; eine Spekulationsblase entstand, an der sich in zunehmendem Maße auch «einfache Menschen» beteiligten. Irgendein mehr oder weniger zufälliges Ereignis brachte diese Blase zum Platzen, die Erwartungen der Spekulanten und anderen Marktteilnehmer drehten sich unvermittelt ins Negative, eine Verkaufswelle setzte ein und Kredite wurden fällig, die bei sinkenden Preisen und Kursen nicht mehr bedient werden konnten, sodass auch Banken und Handelshäuser in den Strudel gerieten. Jeder suchte sich zu retten und sein Geld zu sichern; infolgedessen trockneten die Kreditmärkte aus, was auch nicht an der Spekulation beteiligte Kaufleute betraf. Die gesamte Geschäftstätigkeit ging zurück, bis der Preisverfall langsam an Fahrt verlor und über kurz oder lang ein erneuter Aufschwung einsetzte. Aus dem Platzen der Spekulationsblase folgten mithin zunächst Konkurse und dann eine allgemeine Kreditverknappung. Die Zinsen stiegen entsprechend an, die Geschäftswelt erlahmte. In der Regel griff zu diesem Zeitpunkt die Obrigkeit ein, die durch verschiedene Maßnahmen die Kredite stützte und wichtige Händler vor dem Zusammenbruch bewahrte. Derartige Spekulationsblasen konnten jederzeit auftreten, wenn es günstige Bedingungen hierfür gab (Projekte, Liquidität). Allerdings dauerte es nach einer Krise eine Weile, bis der Spekulationshunger erneut erwachte – «Katerphasen» konnten durchaus lange andauern.

Geradezu prototypisch verlief die sogenannte Tulpenmanie in den Niederlanden, genauer in Holland, in den Jahren 1634 bis 1638. Im Grunde handelte es sich um eine Warenterminspekulation, die durch die Beliebtheit der aus Asien und dem Osmanischen Reich in Europa im 16. Jahrhundert eingeführten Tulpen und ihre zahlreichen Neuzüchtungen ausgelöst wurde. Die berühmteste dieser neuen Züchtungen war die Tulpe «Semper Augustus». Sie erzielte die höchsten Preise, bis zu 10 000 Gulden je Tulpenzwiebel. Die steigenden Preise lockten rasch Arbitrageure an, die auf Kredit Leerkäufe tätigten, um zum Zeitpunkt der Lieferung durch Weiterverkauf einen erheblichen Kursgewinn einstreichen und ihre Kredite bedienen zu können. Auch Optionsscheine auf Anteile von Tulpenzwiebeln wurden gehandelt. Das Geschäft ging, wie der Kursverlauf zeigt, eine Weile gut und machte so manchen Spekulanten reich, da sich die Preise innerhalb kurzer Zeit verfünfzigfachten. Für drei der begehrten Tulpenzwiebeln konnte in Amsterdam zeitweilig ein Haus erworben werden!

Im Winter 1636/37 erreichte die Spekulation, die sich mittlerweile unter der holländischen Bevölkerung weit ausgebreitet hatte, ihren Höhepunkt. Im Februar 1637 kam sie zu einem abrupten Ende. Die Erwartungen an die Entwicklung der Tulpenpreise verkehrten sich in ihr Gegenteil, eine Verkaufspanik setzte ein und im Mai 1637 war das Preisniveau vor der Blase wieder erreicht. Schon die Zeitgenossen hielten den Tulpenboom für eine Manie, wenn nicht gar für eine Art der Massenhysterie, und stellten die beteiligten Spekulanten als «Affen» dar. Die Folgen des Krachs wurden mit obrigkeitlicher Hilfe einigermaßen bereinigt, jedoch blieben viele Spekulanten verarmt zurück. Eine allgemeine Wirtschaftskrise löste der «Tulpenschwindel» nicht aus.

Ein weiteres Musterbeispiel spekulativer Blasen lieferten der Zusammenbruch des Law'schen Systems in Frankreich 1720 und das nur wenig später erfolgte Platzen der englischen «Südseeblasen», obwohl die dahinter stehenden Ideen keineswegs schlecht waren. Voraussetzungen für dieses zwar zumeist getrennt betrachtete, im Grunde aber zusammenhängende Spekulations- und Krisengeschehen war der Ausgang des spanischen Erbfolgekrieges in Europa und die Öffnung Spanisch-Amerikas für den europäischen Handel. Der Krieg hatte sowohl Großbritannien als auch Frankreich in große Schulden gestürzt. Was lag da näher, als die in Form von Staatsschuldtiteln reichlich vorhandene Liquidität in die große Gewinne versprechenden, mit staatlichen Privilegien versehenen neuen Südseegesellschaften umzulenken, die dafür einen Teil oder die gesamte Staatsschuld übernahmen? Frankreich ging voran und Großbritannien folgte. Zumindest aus der Sicht des Staates, der einen Teil seiner Schulden loswurde, ging das Geschäft auch auf. Für die Spekulanten wurde es hingegen zu einer zweischneidigen Angelegenheit.

Das durch die Kriege Ludwigs XIV. (1638–1715) hoch verschuldete Frankreich ging mit dem zugereisten schottischen Finanzjongleur John Law (1671–1729), der durch Glücksspiel reich geworden war und Freunde im Hochadel hatte, 1715 einen Handel ein. Law erhielt mit der Gründung der Banque Generale (später: Banque Royale) das Recht der Notengeldausgabe. Das Eigenkapital der Bank bestand zunächst aus niedrig bewerteten französischen Staatsanleihen – sie konnte trotzdem Vertrauen am Markt gewinnen. Zusätzlich bekam Law das Monopol des Handels mit den amerikanischen Kolonien Frankreichs, wozu er die Mississippi-Gesellschaft gründete, die später als Compagnie des Indes das Monopol für den gesamten Kolonialhandel erhielt. Die Aktien der Gesellschaft wurden dem Publikum als großes Geschäft angepriesen und verkauften sich nach schleppendem Beginn gut. 1719 gewann die Spekulation rasch an Fahrt, zumal Law mit billigen Papiergeldkrediten seiner Banque Royale das Geschäft weiter befeuerte. In der Pariser Rue de

Quincampoix bildeten sich vor der Börse lange Schlangen, ja
regelrechte Volksaufläufe von Menschen, die Anteile der Mississippi-Gesellschaft erwerben wollten. Schließlich mussten etwa
150 zusätzliche Verkaufskioske errichtet werden, um die Nachfrage befriedigen zu können.

Im Spätsommer 1719 erreichte der Kurs der Gesellschaft seinen
Höhepunkt (in der Spitze mehr als 10 000 Livres für einen An-
teilsschein im Nominalwert von 500 Livres). Neuemissionen
ließen sich trotz intensiver Kurspflege nicht mehr verkaufen. In-
flationsängste breiteten sich aus und das Vertrauen in das
Law'sche System brach zusammen. Die Kurse gaben dramatisch
nach und ein Teil der Investoren floh in das noch vom Spekulati-
onsfieber der Südseeblasen getriebene London, andere verloren
ihr gesamtes Vermögen. Law flüchtete mehr oder weniger verarmt aus Frankreich und starb schließlich 1729 in Venedig.

Dieselbe Erwartung an stark steigende Gewinne aus dem Geschäft mit der Karibik und Lateinamerika trieb auch die be-
rühmten South Sea Bubbles im England der Jahre 1719 und
1720 an. Ähnlich wie in Frankreich war auch hier eine Verbindung zur Sanierung der Staatsfinanzen nach den großen Kriegen
der Zeit Ludwigs XIV. gegeben. Die mit dem Handelsmono-
pol für Lateinamerika ausgestattete, 1711 gegründete South Sea
Company übernahm 1719 die englische Staatsschuld und erhielt
im Gegenzug das Recht, diese Übernahme durch die Ausgabe
neuer Aktien zu finanzieren. Die Aktien fanden reißenden Absatz. Der Erwerb von Neuemissionen wurde zudem an den Be-
sitz älterer Aktien gebunden, sodass auch die Nachfrage nach
älteren Aktien den Kurs trieb. Der Kurs stieg in der Folge von
100 auf über 900 Pfund an.

Im Windschatten der Südseegesellschaft drängten weitere Aktiengesellschaften an die Börse, zum Teil mit geradezu abenteu-
erlichen Unternehmenszwecken, zum Teil ohne überhaupt einen
Geschäftszweck anzugeben. Der Bubble Act, der die sich abzeichnende Blase durch Disziplinierung der Aktiengesellschaften
begrenzen sollte und Gründungen ohne eine Angabe des Unter-
nehmenszweckes untersagte, heizte die schließlich auch von
Arbitrageuren getragene, kreditgetriebene Spekulation nur um-

so mehr an, da sich das anlagesuchende Geld nun ganz auf die Südseegesellschaft konzentrierte. Im Sommer 1720 aber zeigten sich erste Risse, als klar wurde, dass die für den 1. August 1720 fällige Dividende nicht erwirtschaftet worden war. Insider aus dem Umfeld des Hofes zogen sich als Erste zurück, schließlich setzten panikartige Verkäufe ein und die Spekulationsblase zerplatzte innerhalb weniger Tage. Nur wenige hatten es geschafft, ihr Kapital rechtzeitig aus dem Geschäft zu ziehen; zahlreiche Konkurse und eine allgemeine Kreditverknappung folgten. Im Anschluss kam es in London zu einer regelrechten gesamtwirtschaftlichen Krise, die den Londonern die Spekulationswut für die nächsten Jahrzehnte austrieb.

Von anderer Art waren die ebenfalls in der vormodernen Wirtschaft Europas nicht unbedingt seltenen Wechselkrisen. Der Wechsel hatte sich als Kreditterminpapier seit dem Mittelalter etabliert und seit dem 16. und 17. Jahrhundert zur Handelsfinanzierung durchgesetzt. Warenim- und -exporte wurden mit Wechseln finanziert, die zu einer bestimmten Zeit fällig wurden. Man konnte sie auch zuvor an ein Bankhaus verkaufen, hatte dann allerdings einen Preisabschlag, den Wechseldiskont, hinzunehmen. Wechsel waren ein leicht handelbares und flexibles Instrument und eigneten sich insbesondere zur Kreditfinanzierung von Handelsströmen. Das Wechselsystem besaß zudem eine gewisse Flexibilität, da fällige Wechsel prolongiert oder durch neue ersetzt werden konnten, um Zahlungsengpässe zu überbrücken. Die Grenze zur betrügerischen Wechselreiterei, in der fällige Wechsel in unseriöser Absicht laufend durch neue abgelöst wurden, war fließend. Eine Tendenz, Krisen auszulösen, kam dem Wechselgeschäft immer dann zu, wenn die Voraussetzungen, zu denen die Wechsel gezogen worden waren, bei ihrer Fälligkeit nicht mehr vorlagen, die Erlöse aus einem Handelsgeschäft also dessen Kreditverpflichtungen nicht deckten. Ein typisches Beispiel hierfür waren die großen Hamburger Wechselkrisen zu Ende des Siebenjährigen Krieges und zu Ende des 18. Jahrhunderts.

Letztere lohnt eine kurze Bemerkung: Ende des 18. Jahrhunderts boomte der Hamburger Handel, da zahlreiche Konkur-

renten der Hansestadt wegen der napoleonischen Kriege ausfielen. Hamburg wurde zum bevorzugten Einfuhrhafen für amerikanische und englische Güter auf den europäischen Kontinent.
In Erwartung großer Nachfrage und steigender Preise deckten
sich 1799 folgerichtig zahlreiche Hamburger Handelshäuser mit
auswärtiger Ware ein, um die Märkte in Süddeutschland und
der Schweiz versorgen zu können. Finanziert wurden die Importe durch Wechsel, die man in der Hoffnung auf große Gewinne leicht bedienen zu können glaubte. Der Kriegsverlauf
machte den Hamburger Handelshäusern jedoch einen Strich
durch die Rechnung. Der Warentransport nach Süddeutschland
und in die Schweiz kam zum Erliegen bzw. wurde sehr erschwert;
die Hamburger Kaufleute blieben auf ihren Waren und entsprechend großen Krediten sitzen. In der Folge kam es zu einer ganzen Reihe von Konkursen, die auch durch Wechselprolongation
und Wechselreiterei nicht aufzuhalten waren, sondern sich gerade deshalb auf weitere Bank- und Handelshäuser ausbreiteten.
Erst Kredithilfen des Hamburger Senats begrenzten das Ausmaß
des Zusammenbruchs, der sich im Übrigen in ganz ähnlicher
Weise nach 1857 wiederholen sollte, dann aber bereits als Teil
einer modernen Weltwirtschaftskrise.

Auf Krisen der Staatsfinanzen wurde in diesem Kapitel nur
indirekt eingegangen (Law'sches System), da es sich dabei nicht
um Wirtschaftskrisen im eigentlichen Sinne handelte, sondern
Letztere hierdurch allenfalls ausgelöst werden konnten. Die Auswirkungen staatlicher Zahlungsunfähigkeit waren gleichwohl
massiv, wie die spanischen Bankrotte des 16. und 17. Jahrhunderts bewiesen, die u. a. mehrere oberdeutsche Handelshäuser in
den Ruin trieben. Der Zusammenbruch der Assignatenwirtschaft in Frankreich 1798 mag einen kurzen Blick wert sein. Zur
Finanzierung der Staatsausgaben und der Kriegskosten hatte das
revolutionäre Frankreich 1792 sogenannte Assignaten, also Papiergeld, ausgegeben und diese zum gesetzlichen Zahlungsmittel
erklärt. Fast unmittelbar verdrängte das Papiergeld das «gute»
Münzgeld. Der Umfang der Assignaten wurde in den kommenden Jahren laufend erhöht, eine regelrechte Papiergeldinflation
setzte ein, die die zunächst positiven Wirkungen der Vermeh-

rung des Geldumlaufes bald völlig in den Hintergrund drängte. Da die Assignaten überdies leicht zu fälschen waren, vermehrte sich ihre Menge auch «spontan». Das Papiergeld erlitt dadurch sukzessive einen erheblichen Funktionsverlust, sodass der französische Staat 1798 schließlich die Assignaten aus dem Verkehr zog, eine der ersten großen Währungsreformen im modernen Sinne. Die Assignatenwirtschaft steht demnach für eine durch die staatliche Geldpolitik verursachte Inflation mit krisenhaften Folgen, eine Erfahrung, die seither mehrfach gemacht werden sollte.

Krisen sind offensichtlich kein modernes Phänomen, auch wenn sie in der vorindustriellen Welt weitgehend ein anderes Gesicht hatten. Wirklich ins Gewicht fielen die Agrarkonjunkturen und Agrarkrisen, da durch sie der Großteil der wirtschaftlichen Aktivität und die Grundlagen der menschlichen Existenz unmittelbar betroffen waren. In einer zumindest nahe der Subsistenzgrenze lebenden Welt hatten diese zumeist klimatisch bedingten Krisen schnell verheerende Ausmaße; hieran gemessen sind unsere modernen Krisen vergleichsweise harmlos. Die «Alte Welt» hatte strukturell eine andere Krisenkonstellation, da jede gute Zeit durch Bevölkerungswachstum Folgen nach sich zog, die angesichts stagnierender oder nur langsamer Produktivitätsentwicklung immer wieder tiefgreifende Anpassungskrisen auslösen konnten. Auch diese Konstellation ist heute angesichts niedriger Geburtenziffern und hoher Agrarproduktivität Geschichte, zumindest in unseren Breiten. In anderen Teilen der Welt ist das alte Problem der Übernutzung der natürlichen Ressourcen, das für Europa bis in das 19. Jahrhundert hinein ebenfalls typisch war, weiterhin gegeben. Aus der vormodernen agrarischen Welt ragten wie Inseln jene städtischen Zentren heraus, in denen sich die Knotenpunkte der damaligen Weltwirtschaft befanden, moderne Wirtschafts-, Handels- und Finanztechniken Anwendung fanden und insgesamt der Lebensstandard der Menschen sehr viel höher war als auf dem Land. Hier bildeten sich seit dem 16. Jahrhundert wiederholt Spekulationsblasen und Spekulationskrisen heraus, die in ihren Verläufen durchweg moderne Züge trugen. Große Erwartungen, steigende Preise, Arbitrage und Spekulation, Überhitzung, schließlich Zusammenbruch: All das findet man in Amsterdam, Paris und London in geradezu exemplarischer Ausprägung. Gleichwohl blieben die Folgen dieser Spekulationskrisen gering, da sie mit der eigentlichen Wirtschaft, dem Landbau, wenig verbunden waren. Dies sollte sich seit dem frühen 19. Jahrhundert grundlegend ändern, da nunmehr Industrie und Spekulation eine ebenso fruchtbare wie riskante Beziehung eingingen, die bis heute unser Krisengeschehen bestimmt.

IV. Aus der Kinderstube des Kapitalismus: Die erste Hälfte des 19. Jahrhunderts

Mit der Entstehung des modernen Industriekapitalismus änderte sich der Charakter der Wirtschaftskrisen grundlegend. Bevor sie im Einzelnen dargestellt werden, soll daher zuvor ein kurzer Blick auf ihre wichtigsten Voraussetzungen und Merkmale geworfen werden.

Die neuen Krisen   Die Krisen in der alteuropäischen Welt waren entweder klimatisch bedingt oder – zumindest primär – Spekulationsphänomene, die den ökonomischen Alltag nicht unbedingt erreichten. Die Hamburger Handelskrisen der zweiten Hälfte des 18. Jahrhunderts zeigten jedoch, dass der Zusammenhang von Handelskrisen und wirtschaftlicher Entwicklung enger wurde. Denn es war die Kreditfinanzierung des Handels, die zwar dessen Expansion begünstigte, ihn aber auch existentiell treffen konnte, wenn die Preise fielen oder Absatzmärkte wegbrachen und damit die Kredite nicht mehr bedient werden konnten. Bereits hier wurde der Januskopf der Spekulation sichtbar, die einerseits Triebmittel des Handels und damit des Güterabsatzes war, andererseits aber auch dazu zwang, neue Risiken in Kauf zu nehmen. Je größer die Produktion und die Absatzmärkte wurden, umso bedeutender wurde die spekulative Finanzierung des Handels – umso gravierender konnten aber auch die Krisen ausfallen. Spätestens jetzt machte man die Erfahrung, dass es eine risikolose Ausdehnung wirtschaftlicher Aktivitäten nicht gab. Mit der Durchsetzung des Industriekapitalismus wurde zudem die Produktion selbst Gegenstand derartiger spekulativer Expansionswellen, zu denen freilich keine Alternative existierte, denn diese hätte allein im Verzicht auf industrielle Unternehmungen größeren Ausmaßes bestanden. In der Tat schreckte gerade in Deutschland das wohlhabendere Bürgertum lange davor zurück, sich industriell und damit besonders risikoreich zu engagieren. In Großbritannien war das anders. Hier setzte ein mit Krediten betriebener industriekapitalistischer Expansionsprozess viel früher, schon im letzten Drittel des 18. Jahrhunderts ein, als die ersten großen Textilfabriken eingerichtet wurden. Auch wenn der Kapitalbedarf zunächst noch überschaubar blieb, erzwang der technische Fortschritt doch laufend höhere Kapitalvorschüsse, die sich nur rentierten, wenn die stark wachsende Produktion auch zu angemessenen Preisen abgesetzt werden konnte. Insofern begünstigte der Aufschwung des Industriekapitalismus zugleich auch die Ausdehnung des Nah- und Fernhandels und seine wiederum kreditgestützte Finanzierung. Große Bank- und Handelshäuser entstanden, die sich einerseits auf die Finanzierung der Fabriken, und andererseits auf die Finanzierung von Handel und Export spezialisierten. So bildete sich nach und nach eine enge Verknüpfung zwischen dem Prozess der gewerblichen Produktion, die immer bedeutender wurde und in Großbritannien schon in der ersten Hälfte des 19. Jahrhunderts den Agrarsektor in den Hintergrund drängte, sowie dem Warenhandel und der Kreditwirtschaft heraus. Diese Verknüpfung trug von Anfang an spekulative Züge, da alle Marktteilnehmer von steigenden Preisen und Gewinnen ausgingen, die das Risiko rechtfertigten, das mit dem industriellen Engagement verbunden war. Damit trat auch die seit längerem bekannte Arbitrage, also die spekulative Ausnutzung von Preisunterschieden an den Finanzmärkten, in eine neue Phase ein, da diese nun nicht mehr ein ökonomisches Randphänomen war, sondern in das Herz des gesamtwirtschaftlichen Prozesses vordrang. Die sich seit dem Beginn des

19. Jahrhunderts rhythmisch wiederholenden Wirtschaftskrisen verbinden seither geradezu zwangsläufig Phänomene der Spekulation und der gesamtwirtschaftlichen «Störung». Die Konjunkturzyklen geben diesen Zusammenhang wieder, indem sich in ihnen die kumulativen Effekte von Produktionsausweitung, Kreditwirtschaft und Spekulation jeweils krisenhaft niederschlagen, wobei das Ausmaß und die Wirkungen der Spekulation keinesfalls feststehen, sondern in jedem neuen Zyklus von Aufschwung und Boom jeweils historisch spezifische Züge annehmen.

Die besondere Krisenanfälligkeit der modernen, kapitalistischen Wirtschaft ist aber nicht allein eine Folge der spekulativen Finanzierung von Produktion und Handel, sondern reflektiert darüber hinaus weitere Merkmale der modernen Wirtschaft, die zugleich Gründe ihrer besonders hohen Produktivität sind. Die kostengünstige Massenproduktion von gewerblichen Gütern ist immer eine Produktion für anonyme Märkte, d. h. ihre Risikobehaftetheit ist erheblich größer als eine an Nahmärkten und bekannten Abnehmern orientierte Güterherstellung. Die Koordination der Produktion und des Handels übernimmt in solchen Situationen zwangsläufig der Preis. Da die jeweiligen Kunden und ihre gesonderten Bedürfnisse anders als etwa bei der Herstellung auf Bestellung unbekannt sind, signalisiert allein der durchsetzbare Preis, ob die Güter auf dem Markt Akzeptanz finden. Steigende Preise sind ein wesentlicher Handlungsimpuls, der keinesfalls ignoriert werden darf. Die an der Preisentwicklung orientierte Massenproduktion von Gütern erzwingt überdies eine weitgehende Spezialisierung der Produktion; ökonomisch gesehen wird es in zunehmendem Maße effizient, wenige Produkte in großen Serien herzustellen. Die damit verbundene Ausdifferenzierung in Branchen und Unternehmen verstärkt wiederum die Orientierung an Preisen, da nur so die immer komplexere Arbeitsteilung überhaupt koordiniert werden kann. Die Fixierung auf Preise ist also keine spekulative Obsession, sondern der Ausdruck der Ausdifferenzierung der modernen Wirtschaft, die anders kaum mehr – oder wie der Sozialismus gezeigt hat: nur zu exorbitant hohen Kosten über Pläne – koordiniert werden kann. Die Gefahren des Auseinanderfallens von

Produktion und Konsum und von Disproportionalitäten in der Entwicklung zwischen Branchen und Unternehmen sind daher stets gegeben. Die wirtschaftliche Welt der kapitalistischen Moderne ist insofern gewissermassen paradox: Sie nutzt Mittel zur Steigerung ihrer Produktivität, die sie selbst krisenanfällig machen. Da aber Krisen die Ausnahme blieben und der gesamtwirtschaftliche Prozess sich dynamisch entwickelte, waren die Zeitgenossen nach 1800 mehr und mehr bereit, diese Risiken zu akzeptieren. Diese Bereitschaft bildete insofern gleichermaßen den Kern der kapitalistischen Dynamik wie ihrer Krisenanfälligkeit.

Die «neuen Krisen», an die man sich zuerst in England etwa seit dem Ende der Napoleonischen Kriege zu gewöhnen begann, zumal es dort seit dem 16. Jahrhundert bereits wiederholt Stockungsphasen aufgrund von Einbrüchen etwa der Wollnachfrage gegeben hatte, unterschieden sich von dem vertrauten Muster der Krisen des «type ancien» wesentlich. In den «neuen» Krisen war das Verlaufsmuster ein anderes als zuvor: Der über Preis- und Absatzerwartungen gesteuerte Aufschwung von Industrie und Handel löste kreditfinanzierte Investitions- und Expansionsprozesse aus, in deren Folge Preise und Zinsen von einem zunächst niedrigen Niveau bis zu einem bestimmten Punkt stiegen. Schließlich wurden die Absatzerwartungen nicht erfüllt, die Preise sanken, fällige Kredite konnten nicht mehr bedient werden, Insolvenzen traten ein, die sich kaskadenförmig ausdehnten und zu Arbeitslosigkeit und Fabrikschließungen führten. Die Insolvenzen nahmen insbesondere im Bankensektor stark zu. Die Banken suchten sich zu schützen und verliehen Geld nur noch zu restriktiven Bedingungen. Aufgrund hoher Zinsen war die Kreditfinanzierung in der Folge stark erschwert und die Finanz- und Gütermärkte wurden so blockiert. Dieser Abschwungprozess dauerte in der Regel so lange, bis die Preissenkungen aufhörten. Sinkende Zinsen signalisierten zugleich die wiederkehrende Bereitschaft der Banken, Kredite zu vergeben: Das Spiel begann von Neuem.

Die Wirtschaftskrisen der ersten Jahrhunderthälfte Während der napoleonischen Zeit kam der europäische Kontinent wirtschaftlich erstaunlich gut zurecht. Die Kontinentalsperre hielt die zu dieser Zeit wirtschaftlich überlegene englische Konkurrenz vom Markt fern und die große Nachfrage insbesondere der napoleonischen Armeen nach Gütern und Ausrüstungsgegenständen aller Art wirkte wie ein zusätzliches Konjunkturprogramm. Die wirtschaftliche Bilanz der napoleonischen Zeit fällt daher für den Kontinent nicht so düster aus, wie es scheinen mag. Größere Krisen, von der Hamburger Handelskrise 1799 einmal abgesehen, gab es nicht, auch wenn die zahlreichen Grenzverschiebungen zum Teil negative Folgen für die regionale wirtschaftliche Arbeitsteilung hatten.

In Großbritannien waren die Jahre bis zum Ende der napoleonischen Herrschaft ebenfalls nicht unbedingt schlechte Jahre, jedoch lassen sich hier die ersten Krisen beobachten, in denen bereits moderne Züge sichtbar wurden: Die Kontinentalsperre löste eine Verschiebung des englischen Außenhandels in Richtung Lateinamerika aus. Die Produktion der heimischen Industrie sollte vermehrt in die spanischen Kolonien ausgeführt werden, jedoch erwies sich die Aufnahmefähigkeit Lateinamerikas als begrenzt. 1810 kam es folgerichtig zu einer ernsthaften Krise, da der kreditfinanzierte Handel nach Lateinamerika keine Abnehmer mehr fand und die Kredite platzten. Eine vergleichbare Überdehnung kreditfinanzierter Handelsgeschäfte zeigte sich auch nach dem Ende der Kontinentalsperre, als englische Händler die Zahlungsfähigkeit der Kunden auf dem europäischen Festland überschätzten. 1815 kam es zur Krise, die sich 1819 wiederholte, als infolge der schweren Agrarkrise auf dem Kontinent die Nachfrage nach gewerblichen Gütern stark zurückging.

Mitte der 1820er Jahre wurde England erneut von einer schweren Wirtschaftskrise erschüttert. Nach den Absatzproblemen 1819 setzte mit Beginn der 1820er Jahre ein Expansionsprozess von Gewerbe und Handel ein. Investitionen in Industrieanlagen erschienen lukrativ und wurden daher in großem Maße unternommen. Angeheizt wurde die sich 1824 und 1825 zuspitzende Spekulation indes weniger durch die Gewinnaussichten der heimischen Industrie, als durch große Gewinnmöglichkeiten, die in den 1823 unabhängig gewordenen Staaten Lateinamerikas lockten. Dabei war es der Finanzplatz London selbst, der diese Erwartungen schürte, denn zwischen 1822 und 1825 wurden in London zehn lateinamerikanische Anleihen im Gesamtumfang von 216 Mio. Pfund Sterling ausgegeben. Der Londoner Kapitalmarkt finanzierte so die südamerikanische Nachfrage nach englischen Industriegütern selbst. Man hoffte, doppelt zu profitieren, und zwar durch gewinnträchtige Exporte ebenso wie durch die Verzinsung der Staatsanleihen. In England setzte daraufhin ein Prozess der spekulativen Expansion ein, der in seiner Hochphase an die South Sea Bubbles erinnerte und der zudem durch Zinssenkungen der Bank von England angefeuert wurde. Zahlreiche Projekte schossen aus dem Boden. Eine Vielzahl neuer Aktiengesellschaften wurde gegründet, die Kurse und Zeichnungsgewinne stiegen steil an: «Prinzen, Aristokraten, Politiker, Beamte, Advokaten, Ärzte, Geistliche, Philosophen, Poeten, Mädchen, Frauen und Witwen ... haben sich auf die Börse geworfen, um einen Teil ihres Vermögens in Unternehmungen anzulegen, von denen ihnen nichts außer dem Namen bekannt ist», heißt es in einer englischen Quelle von 1825. Dabei war die Gründungswelle keineswegs durchweg unseriös. Nach dem großen Krisenhistoriker des 19. Jahrhunderts, Max Wirth, kam es allein 1824 und 1825 zur Gründung von 114 Aktiengesellschaften mit einem Kapital von 100 Mio. Pfund, darunter u. a. 20 Eisenbahngesellschaften, 11 Gasanstalten und 25 Bergwerksgesellschaften – eine Branchenverteilung, die deutlich macht, dass der Zusammenhang mit der industriellen Expansion in England eng war. Im Gefolge des Kapitalexports nahm auch die Ausfuhr nach Südamerika stark zu. Zugleich wurde englisches Kapital in großem Umfang in Bergwerksunternehmen in Mittel- und Südamerika investiert. Als Folge dieser Finanzierungsströme floss allerdings Gold und Silber aus Großbritannien ab, während zugleich die zahlreichen Provinzbanken im Land vermehrt Papiergeld ausgaben, um ihre Kreditvolumina steigern zu können. Im Ergebnis stellte sich nach und nach eine starke Anspannung der Kredite ein; es kam zu «Wechselreiterei», d. h. zur Ersetzung fälliger Wechsel durch neue Wechsel, bezogen auf andere Banken, um die Fälligkeitstermine aufschieben zu können. Zugleich nahm im Land der Luxuskonsum stark zu, da viele Spekulanten an ihren Aktien- und Kreditgeschäften gut verdienten. Solange der Kredit billig war und die Aussichten hervorragend schienen, funktionierte das Spiel.

Doch im September 1825 zerplatzte die Blase, als die Preise zu sinken begannen, zahlreiche Kredite faul wurden und die Banken versuchten, ihre Außenstände einzutreiben. Die Zahl der Bankrotte unter den Banken nahm derart rasch zu, dass die Bank von England mit Liquiditätshilfen einsprang. In der Folge stabilisierte sich zwar der Finanzmarkt, aber nun traf die Krise Produktion und Handel. Der Wert der lateinamerikanischen Anleihen ging stark zurück, zahlreiche Projekte platzten, viele neugegründete Unternehmen mussten Konkurs anmelden. Viele der kleinen spekulativen Anleger, die noch in der letzten Phase des Booms eingestiegen waren, wurden mehr oder weniger enteignet. Mit dem Luxus war es erst einmal vorbei. Zugleich nahm die Arbeitslosigkeit zu und die Lebensbedingungen der Arbeiterschaft verschlechterten sich stark. Zwar spielte in dieser Krise das allein spekulative Moment noch eine sehr große Rolle, doch die Verbindung von kapitalistischer Expansion und wirtschaftlicher Krise war zu offensichtlich, um weiterhin übersehen zu werden.

Die zweite Hälfte der 1820er Jahre sah nur einen langsamen Wiederaufstieg. Mit den 1830er Jahre aber setzte ein stürmischer Expansionsprozess ein, der 1835 seinen Höhe- und Wendepunkt erreichte. Die zweite Hälfte der 1830er Jahre verfiel hingegen wieder in depressive Stimmung. Der Zyklus der 1830er Jahre hatte sein Zentrum in Großbritannien, dem Land, das zu diesem Zeitpunkt den Takt der Weltwirtschaft bestimmte. Der Aufschwung war zunächst nicht durch übertriebene Spekulation geprägt. Er wurde von einer starken Ausdehnung der Industrieinvestitionen und der Industrieproduktion getragen, wobei vor allem Innovationen im Bereich der Eisen- und Stahlindustrie und des Eisenbahnbaus realisiert wurden. Gute Ernten senkten in Großbritannien den Getreideimportbedarf; das dadurch frei gewordene Kapital stand für die Expansion der Industrie und für

die Finanzierung des Außenhandels zur Verfügung. Zwar hatten
die lateinamerikanischen Staaten die in sie gesetzten Hoffnungen
nicht erfüllt, doch übernahmen die USA jetzt deren Rolle. Die
Masse der englischen Exporteure orientierte sich neben Kontinentaleuropa zunehmend an den Vereinigten Staaten, wobei der
Londoner Kapitalmarkt die amerikanischen Importe finanzierte. Ein seither bekanntes Muster der weltwirtschaftlichen Vernetzung spielte sich also bereits in den 1830er Jahren ein: Die USA
als «Land der unbegrenzten Möglichkeiten» und ebenso großer
Erwartungen finanzierten ihre Expansion mit zumeist kurzfristigen Auslandskrediten. Kam es in den USA zu Zahlungsausfällen,
brach zunächst der US-amerikanische Finanzmarkt zusammen,
was eine Welle auslöste, die sich im 19. Jahrhundert über Großbritannien nach Europa auswirkte. Nicht zuletzt wegen dieser
Verbindung haben Wirtschaftskrisen seit den 1830er Jahren die
Tendenz, sich jeweils zu Weltwirtschaftskrisen auszuweiten.

Davon war indes im Aufschwung der 1830er Jahre noch wenig zu spüren. Die Industrie in Großbritannien boomte; englische Anleihen und Kredite finanzierten die gleichzeitige Expansion in den USA. Auch dort setzte ein freilich stärker spekulativ
getragener Aufschwung ein. Allein 1835/36 wurden in den USA
61 Banken gegründet. Den Kern der Spekulation in den USA bestimmte die Erschließung des riesigen Territoriums. Vor allem
kam es zu umfangreichen Spekulationen mit Land, das, vom
Staat kostengünstig vergeben, rasch Gegenstand umfangreicher
Arbitrage-Geschäfte wurde. Da die von den USA ausgehenden
Signale günstig waren, nahm der Expansionsprozess auch in
Großbritannien mehr und mehr Fahrt auf. Auf dem Höhepunkt
des Booms wurden dort allein etwa 300 Aktiengesellschaften mit
einem Nominalkapital von 135 Mio. Pfund gegründet, darunter u. a. 88 Eisenbahngesellschaften, 71 Bergwerksgesellschaften,
20 Banken und 17 Schifffahrtsgesellschaften. Nicht nur neugegründete, auch zahlreiche bestehende Unternehmen wurden an
die Börse gebracht, auch um ihren Direktoren Einnahmeverbes-
serungen zu verschaffen. 1834 und 1835 wiederholten sich damit die spekulativen Übertreibungen der 1820er Jahre, zumal
viele Banken wiederum den Papiergeldbestand ausdehnten, es

also nicht schwer oder teuer war, an Kredit zu gelangen. Mit der Aufblähung der Papiergeldmenge in England setzte wiederum ein Abfluss von Gold aus Großbritannien insbesondere in die USA ein. «Wechselreiterei» machte sich erneut bemerkbar: «Sieben Bankhäuser ... haben 1836 amerikanische Wechsel im Werte von 15 Mio. Pfund Sterling akzeptiert, obwohl ihr eigenes Kapital insgesamt nur etwa 2 Mio. Pfund betrug.» (Fred Oelßner)

1835 verschlechterte sich die englische Handelsbilanz. Der Goldabfluss zwang die Bank von England zur Erhöhung der Zinsen, wodurch die Kreditfinanzierung in Großbritannien teurer wurde. Hintergrund dieser Maßnahmen war die Bankpolitik der US-Regierung, die den Goldabfluss aus England durch restriktive Vorgaben für die eigenen Banken beschleunigte. Zugleich ging die Regierung von Präsident Andrew Jackson (1767–1845) nachdrücklich gegen die Landspekulation vor; die Wachstumsdynamik in den USA erlahmte. Im November 1836 kam es ausgehend von Nordirland zu einer ganzen Serie von Bankzusammenbrüchen in Großbritannien. Auch die Preise für Rohstoffe und gewerbliche Güter gaben nach und die Ausfuhr in die USA brach zusammen. Das Hauptopfer der Krise in England war allerdings die Baumwollindustrie, die einen Großteil ihrer Produkte nach Nordamerika exportiert hatte. Großbritannien und die USA gerieten in eine mehrjährige Depression, die durch den Goldabfluss aus England aufgrund schlechter Ernten und internationaler politischer Krisen noch verschärft wurde. Nur vor dem Hintergrund dieser Entwicklung ist auch die Zweite Peel'sche Bankakte von 1844 zu verstehen, die den Goldstandard in Großbritannien endgültig verankerte und das Notenemissionsrecht allein der Bank von England übertrug, die zukünftig nur noch in einem bestimmten Verhältnis zum Gold Banknoten ausgeben durfte. Übertriebene Spekulation und Wechselreiterei sollten so ausgetrocknet werden.

Zu Beginn der 1840er Jahre begann sich die Konjunktur in Großbritannien zu erholen. Günstige Ernten in den Jahren von 1842 bis 1844 entlasteten die Zahlungsbilanz und trugen dazu bei, nicht nur den Binnenmarkt zu erweitern, sondern auch Mittel für den Aufschwung bereitzustellen. Dieser Aufschwung wurde ganz wesentlich von Investitionen im Eisenbahnbau, in der Schwerindustrie und im Textilgewerbe getragen. Angesichts der großen Investitionssummen gewann auch das nunmehr systematisch erweiterte Bankwesen an Bedeutung; große Bankhäuser entstanden, die an die Stelle der oder zumindest neben die oft ausgesprochen krisenanfälligen kleinen Regional- und Lokalbanken traten. Die Produktion insbesondere der Textilindustrie nahm stark zu; auch der Außenhandel wuchs entsprechend, wobei die USA und der europäische Kontinent Hauptkunden der britischen Wirtschaft waren. Der Boom in den USA wurde durch den Zufluss britischen Kapitals gespeist, das damit erneut den britischen Export, wenn auch nicht mehr in dem Umfang wie in den 1820er und 1830er Jahren, finanzierte.

Zur Krise kam es 1846/47 nicht aus Gründen der spekulativen Überhitzung, die diesmal weitgehend ausblieb, sondern weil sich infolge der starken Expansion der Industrieproduktion und der gleichzeitigen Schrumpfung der Märkte eine Überproduktions- bzw. Unterkonsumtionskrise einstellte. Der Zusammenbruch des Booms war die Folge des Zusammentreffens ungünstiger Umstände: Zum einen handelte es sich zweifellos um eine regelrechte Überproduktionskrise, was sich in den rasch wachsenden Warenlagern niederschlug. Es kontrahierten allerdings auch die Märkte infolge der schlechten Ernten von 1846 und 1847. Die Agrarpreise stiegen weltweit an, die Nachfrage nach gewerblichen Gütern ging entsprechend zurück. Für die Aktienmärkte bedeutete das nichts Gutes, die englische Zahlungsbilanz verschlechterte sich und erneut setzte ein massiver Goldabfluss ein. Zur Sicherung der Zahlungsfähigkeit der Bank von England wurde die Peel'sche Bankakte suspendiert, was ausreichte, um die Märkte zu beruhigen und den Goldabfluss zu stoppen. Die Krise der zweiten Hälfte der 1840er Jahre traf auch den europäischen Kontinent einschließlich Deutschland, wo eine Phase der spekulativ finanzierten Erweiterung des Eisenbahnnetzes an ihr vorläufiges Ende kam. Aufgrund der geringen Entwicklung des kontinentalen Kapitalismus hatte die Krise aber noch einen vorwiegend agrarischen Charakter. Ihre politischen Folgen waren daher insgesamt auch gravierender als die

ökonomischen im engeren Sinne. Denn hier verbanden sich das
Ende der spekulativen Expansion im Bereich der Eisenbahn und
die Agrarkrise mit dem ohnehin weit verbreiteten sozialen Elend
(«Pauperismus») zu einer brisanten Mischung, die die Legitimität
des politischen Systems in Frage stellte. Der französische Bürger-
könig Louis-Philippe (1773–1850) galt geradezu als Inbegriff der
sich spekulativ bereichernden Bourgeoisie («enrichissez-vous»),
aber auch in Deutschland und anderen europäischen Staaten
trug das soziale Elend wesentlich zur politischen Radikalisierung bei. In den Revolutionen von 1848/49 entluden sich diese
Spannungen ironischerweise zugunsten eines liberalen Kapitalismus, der sich mit dem Staatsstreich Napoléons III. (1808–1873)
vom November 1851 in Frankreich durchsetzte und der kapitalistischen Expansion den Weg bereitete. Ganz ähnlich wie 1819
trafen in der Krise von 1846/47 noch einmal Momente der neuen
Konjunkturzyklen mit Auswirkungen von Krisen des «type ancien» zusammen. Dies sollte allerdings in den Jahren, die der Revolution von 1848 vorangingen, das letzte Mal der Fall sein. In
den 1850er Jahren erfasste die Industrialisierung den europäischen Kontinent in voller Stärke. Ebenso wie in den USA begann auch hier der Konjunkturzyklus zum großen Taktgeber der
wirtschaftlichen Entwicklung zu werden.

Die «neuen» Krisen der ersten Hälfte des 19. Jahrhunderts
trafen vor allem Großbritannien und seine wichtigsten Handels-
partner. Wann diese modernen Krisen einsetzten, ist in der Literatur umstritten. Die ältere Forschung, etwa Gustav von Schmol-
ler (1838–1917) oder Joseph A. Schumpeter, sah den Beginn des
kapitalistischen Konjunkturzyklus bereits in den letzten zwan-
zig Jahren des 18. Jahrhunderts. Gegenwärtig legt man den Beginn moderner Zyklen eher in die 1820er Jahre und folgt damit
Karl Marx, der in diesen Jahren «den periodischen Kreislauf
(des) modernen Lebens eröffnet» sah. Felix Pinner vermutete im
Zyklus der 1830er Jahre den ersten vollständigen kapitalistischen Konjunkturzyklus, womit er wahrscheinlich recht gehabt
haben dürfte, da zuvor nicht alle Momente der Konjunktur voll
ausgeprägt waren. Überhaupt verbanden sich noch bis in die
späten 1840er Jahre Momente der Krisen des alten und des

neuen Typs zu zum Teil unentwirrbare Knäuel. Eine exakte Datierung fällt auch deshalb nicht leicht, weil die unterschiedlichen Teile der Welt zu verschiedenen Zeitpunkten unter den maßgeblichen Einfluss des Kapitalismus gerieten. Gleichwohl lässt sich seit den 1820er Jahren ein kontinuierlich anhaltender konjunktureller Rhythmus beobachten. Es ist daher nicht falsch, in jenen Jahren den Beginn unserer modernen Krisenerfahrungen zu sehen.

Vor diesem Hintergrund setzten auch die ersten Versuche ein, die neue Wirklichkeit theoretisch zu durchdringen. Vor allem die düsteren Prognosen von Karl Marx sind in der Erinnerung geblieben, die für den Kapitalismus in der ersten Hälfte des 19. Jahrhunderts nicht einmal unplausibel waren. Dies lag aber wohl nicht am Kapitalismus und seinen Zyklen an sich. Folgt man Joseph A. Schumpeter, waren die Jahre vor 1848 zwar eine Zeit der Expansion, fielen aber in die Abschwungphase einer langen Welle, die insgesamt von 1787 bis 1842 andauerte. Überdies herrschte aufgrund der nur geringen Goldproduktion eine deflationäre Situation vor. Entsprechend zählte man für Großbritannien in der Zeit zwischen 1820 und 1849 nur acht Hausse-Jahre. Insgesamt, so Felix Pinner, sei diese Phase der Entwicklung von tendenziellen Überkapazitäten bzw. aufnahmeschwachen Märkten geprägt gewesen, sodass die Preise durchweg unter Druck waren. Die Textilpreise fielen im Zeitraum von 1820 bis 1849 etwa um ein Drittel, die Eisenpreise um ein Viertel. Die «Profitraten» der Unternehmen waren im mittelfristigen Durchschnitt niedrig bzw. gaben immer wieder nach. Die wirtschaftliche Entwicklung war trotz freier Preisbildung auf den Faktor- und Gütermärkten daher nicht wirklich im Gleichgewicht. Selten herrschte Vollbeschäftigung. Der Druck auf die Produktionskosten und damit auf die Löhne war entsprechend stark. Das weitverbreitete soziale Elend, das Friedrich Engels (1820–1895) mit seiner Schrift über die «Lage der arbeitenden Klasse» in England bekannt gemacht hatte, fand hier seine ökonomischen Hintergründe.

Die «pessimistischen» ökonomischen Theorien, insbesondere sozialistischer Provenienz, reflektieren diese gesamtwirtschaft-

liche Konstellation. Aber auch eher sozialkonservative Theoretiker wie Simonde de Sismondi kritisierten die kapitalistische
Realität hart, in der auf den Margendruck vor allem mit techni-
scher Rationalisierung und Lohndruck (Frauen- und Kinder-
arbeit) reagiert wurde und Teile der männlichen Arbeiterschaft
in der Tat zu einer Art «industriellen Reservearmee» wurden,
von der Lohndruck ausging. Die ökonomischen Theorien, insbesondere auch das Marx'sche Krisenszenario, waren insofern
von einer starken zeitdiagnostischen Dimension bestimmt. Die
zukünftigen «Wechsellagen» der wirtschaftlichen Entwicklung
sollten diese Befürchtungen aber nicht bestätigen. Im Gegenteil
begann mit den 1850er Jahren ein breiter Aufschwung, der die
Krisen zwar nicht zum Verschwinden brachte, ihnen aber den
bedrohlichen Charakter nahm, zumal sich die Lage der Arbeiter
nach und nach verbesserte.

V. Wachstumszyklen im «bürgerlichen Zeitalter» (1849–1914)

Die aus der Sicht ihrer Protagonisten gescheiterten europäischen
Revolutionen der Jahre 1848 und 1849 hatten in gewisser Hinsicht unerwartete Folgen, denn die 50er und 60er Jahre des
19. Jahrhunderts werden zu Recht als die Kernjahre des «bür-
gerlichen Zeitalters» gesehen. Mit dem Beginn der 1850er Jahre
setzte ein breiter wirtschaftlicher Aufschwung ein, der mit Unterbrechungen bis in die frühen 1870er Jahre anhielt und die
agrarische Welt maßgeblich veränderte. Zwar galten die 1870er
und 1880er Jahre wegen der sogenannten «Großen Depression»
(Hans Rosenberg) lange als wirtschaftlich ausgesprochen schwie-
rig, doch hat die Forschung dieses Bild mittlerweile korrigiert.
Auch in diesen Jahrzehnten wuchs die Wirtschaft, wenn auch
nicht mehr so dynamisch wie zuvor und mit größeren Struktur-
problemen. In der anschließenden «Belle Époque» setzte dann
ein bis dato unbekannter Aufschwung ein. Bis 1914 verblassten

auch die Krisenerfahrungen und -ängste wieder. Die entwickelte Industriegesellschaft hielt Krisen bestenfalls für eine Art «Jugendsünde» des Kapitalismus, die man hinter sich gelassen hatte.

Der Aufschwung der 1850er Jahre und die erste Weltwirtschaftskrise von 1857 Der wirtschaftliche Aufschwung nach dem Revolutionszyklus von 1848/49 war ein weltweites Phänomen, das stark von den kalifornischen Goldfunden der Zeit profitierte, wodurch die Geldmenge sehr viel rascher zunehmen konnte als zuvor. Hatte die Goldgewinnung in den 1840er Jahren nur bei weniger als 500 Tonnen gelegen, so betrug sie in den 1850er und 1860er Jahren jeweils fast 2 000 Tonnen, allerdings mit zuletzt sinkender Tendenz.

Die Expansionsphase begann zu Beginn der 1850er Jahre und hielt mit gewissen Unterbrechungen bis 1857 an. Dabei spielte auch das Bevölkerungswachstum der Zeit eine Rolle, das sich nun positiv auswirkte, denn die Landwirtschaft konnte die wachsende Bevölkerung wegen ihrer umfangreichen Produktivitätsfortschritte zu sinkenden Preisen ernähren. Für das noch unter den Folgen der frühindustriellen Massenarmut leidende Kontinentaleuropa kam erleichternd hinzu, dass Teile der Bevölkerung nach Übersee auswanderten; das entlastete die wirtschaftliche Situation in Europa zusätzlich und förderte zugleich den Aufschwung in den USA. Dort schloss man nicht zuletzt dank großer Wanderungsgewinne in den 1850er Jahren von der Bevölkerungszahl her zu Großbritannien auf (USA: 25 Mio. Einwohner, Großbritannien: 27 Mio. Einwohner Ende der 1850er Jahre).

Die USA blieben das «Land der unbegrenzten Möglichkeiten» und gerieten nun in das Zentrum der weltwirtschaftlichen Dynamik, auch wenn sie vom Niveau her mit den großen europäischen Industrienationen noch nicht mithalten konnten. Den Kern des Booms bildete der Eisenbahnbau. Die Ausdehnung des Eisenbahnnetzes und die sukzessive Erschließung des nordamerikanischen Kontinents weckten die größten Erwartungen europäischer Anleger und Banken, die den Eisenbahnbau in den USA über Aktienkäufe und Anleihen maßgeblich finanzierten. Dieser war auch in Europa Taktgeber der wirtschaftlichen Entwicklung. Zum einen senkte er die Transportkosten und begünstigte die Herausbildung überlokaler Märkte, zum anderen bündelten sich hier die Investitionen. Eisenbahnbau und Eisenbahnbetrieb wurden zu den Hauptnachfragern von Produkten des Kohlenbergbaus, der Eisen- und Stahlindustrie, des Maschinenbaus und der Nachrichtentechnik. Schließlich wurden die Eisenbahnaktiengesellschaften zu Prototypen der modernen Großunternehmung (Alfred D. Chandler). Überdies war die Entstehung des modernen Kapitalmarkts eng mit den Finanzierungsbedürfnissen der Eisenbahn verknüpft. Die moderne Aktienbank verdankt ihren Aufstieg nicht zuletzt der Eisenbahn! In der Folge des Eisenbahnbooms nahm insbesondere in Europa die Industrieproduktion stark zu; entsprechend wuchsen auch die Exporte nach Nordamerika, das zunächst noch den größten Teil seines Eisenbahnbedarfs aus Europa, vor allem aus Großbritannien, bezog. Das seit dem Beginn des Jahrhunderts bekannte Muster, dass vor allem britische Banken und Handelshäuser den Warenexport nach Übersee finanzierten, war auch jetzt wieder zu erkennen.

Banken und Handelshäuser waren neben den Eisenbahnen und dem Montansektor die großen Profiteure des Aufschwungs. Der Typus der Depositenbank, der auf den Crédit Mobilier der Gebrüder Isaac (1806–1880) und Emile (1800–1875) Pereire in Frankreich zurückging, setzte sich durch; zudem entstanden Ansätze eines Giralgeldsystems, wodurch die Kreditschöpfungsmöglichkeiten des Bankensystems massiv erweitert wurden. Da die neuen Depositenbanken erheblich höhere Kredite vergeben konnten, als ihre Einlagen betrugen, und zudem durch das Giralgeld ein neues Zahlungsmittel entstand, waren die neuen Banken in der Lage, die Geldmenge unabhängig von der Haltung der jeweiligen Notenbanken auszuweiten. Dies kam der wirtschaftlichen Dynamik zugute, erhöhte indes deren Risiken erheblich. Die Finanzinnovationen strahlten auch in die USA aus, wo das Bankensystem stark zersplittert war. Diese Zersplitterung nahm wegen der gesetzlichen Lage, die übergreifende Bankstrukturen ausschloss und eine Zentralbank seit den 1830er Jahren nicht mehr vorsah, in den Jahren des Booms weiter zu. Zwischen 1850 und 1857 wuchs allein die Zahl der «gemischten» Staatsbanken, also von Regionalbanken mit dem Recht zur Notenausgabe, von 824 auf 1 416 an.

In Deutschland setzte nach 1852 die sogenannte Gründerzeit ein, die bis in die frühen 1870er Jahre andauern sollte. Innerhalb weniger Jahre wurden zahlreiche große Unternehmen im Bereich der Finanzwirtschaft, der Eisen- und Stahlindustrie und des Kohlenbergbaus, der elektrotechnischen und chemischen Industrie sowie des Maschinenbaus gegründet. Zum Leitsektor der Industrialisierung und des wirtschaftlichen Aufschwungs wurden auch hier Eisenbahnbau und -betrieb und die damit verbundene Montanwirtschaft (Rainer Fremdling). Die Gründung der Unternehmen erfolgte außerhalb Preußens zumeist in der Form von Aktiengesellschaften. In Preußen selbst war der Staat bei der Lizenzierung von Aktiengesellschaften sehr viel restriktiver als in anderen Staaten. Im Banksektor blieb die Gründung von Aktienbanken vor 1870 ausgeschlossen, da man in Berlin dieses Geschäftsmodell nicht für seriös hielt. Die neuen Aktienbanken entstanden daher vor allem in Südwestdeutschland, wie etwa die Darmstädter Bank für Handel und Industrie, die sich explizit an das Vorbild des Crédit Mobilier anlehnte. Trotz der restriktiven Haltung des Preußischen Staates erlebte der Aktienmarkt in Deutschland einen Aufschwung. Die Aktienkurse verdoppelten sich zwischen dem Beginn der 1850er Jahre und dem Sommer 1856. Die Kurssteigerungen waren ein weltweites Phänomen. Entsprechend setzte auch wieder das übliche Arbitrage-Geschäft ein. Da zugleich, nicht zuletzt wegen der starken Nachfrage infolge des Krimkrieges, die Preise für Güter und Nahrungsmittel deutlich anstiegen, kam es zusätzlich zu Warenterminspekulationen. Der Hafen von New York wurde zum größten Lagerplatz der Welt, da hier große kreditfinanzierte Warenmengen in Erwartung steigender Preise zwischengelagert wurden.

Die ersten Überhitzungserscheinungen ließen nicht lange auf sich warten. Bereits 1855 ging die Preußische Regierung gegen Aktien- und Warenterminspekulanten vor; ihre Abwehr von Aktienbanken war zum Teil auch eine Folge der Beobachtung

einer sich aufbauenden spekulativen Blase. Die entscheidende
Maßnahme in Preußen war die Aufhebung des privaten Zettel-
bankwesens, das 1857 zugunsten der Preußischen Staatsbank
vollständig beseitigt wurde. Die Hausse an den deutschen Ak-
tienmärkten wurde durch diese Maßnahmen beendet; der spätere
zeitweilige Zusammenbruch der Weltfinanzmärkte sollte daher
an Preußen weitgehend vorübergehen. Auch in anderen Staaten
fanden sich 1856 erste Anzeichen einer Überhitzung; so gaben
im Herbst die Aktienkurse an der Pariser Börse stark nach, woraus sich eine Tendenz zum Kapitalabzug aus New York ergab.
Nicht zuletzt wegen dieser ersten Krisenerscheinungen stieg der
Diskontsatz in New York schließlich auf elf Prozent an, was
auch in den USA zu einem Dämpfer an den Kapitalmärkten
führte. Im Sommer 1856 begann daher der erste Akt einer Krise,
deren offener Ausbruch ein Jahr später erfolgte.

Das Ende der Effektenspekulation auf dem europäischen
Kontinent und die militärischen Konflikte Großbritanniens in
Indien und China 1856/57 stellten eine Bedrohung der insgesamt
fragilen Situation in den USA dar, da man dort auf Kapitalzu-
fuhr aus Europa angewiesen war. Der Warenimport ging 1857
langsam zurück. Jetzt quollen im New Yorker Hafen die Lager
über, weil der Absatz stockte. Von der gewinnversprechenden
Terminspekulation blieb ein zinsfressender großer Warenhau-
fen. Zum Knall kam es am 24. August 1857, als die Ohio Life
Insurance and Trust Company ihre Zahlungen einstellte. Das
an sich solide Institut hatte sich verspekuliert; kurzfristig fällige
Depositen waren langfristig im Eisenbahnbau angelegt worden.
Zahlungsschwierigkeiten – u. a. wegen sinkender Agrarpreise
gingen die Einnahmen der Eisenbahnen zurück, andererseits
waren infolge des Booms die Baukosten neuer Eisenbahnen in
der letzten Zeit drastisch angestiegen – schlugen auf die Eisenbahngesellschaften durch, die ihr Geschäft durch Aktien, die
allerdings zum großen Teil nicht vollständig einbezahlt worden
waren, und durch Anleihen finanziert hatten. Nun zogen die
einen Kapitalgeber ihr Geld zurück, die anderen wurden aufgefordert, das gezeichnete Kapital voll einzuzahlen, obwohl häufig
die Kurse bereits unter Ausgabeniveau gefallen waren. Die Pleite

der Ohio Life löste einen Dominoeffekt aus. Die Banken suchten ihre Außenstände einzuziehen und verliehen Geld nur noch gegen exorbitante Zinsen (die Tagesgeldzinsen lagen zeitweilig bei 60 bis 100 Prozent). Innerhalb kurzer Zeit schlossen 14 Eisenbahngesellschaften. Die Warenpreise stürzten ab. Nun fallierten Banken reihenweise, da ihnen niemand half. Eine Zentralbank existierte nicht: Allein zwischen dem 25. und dem 29. September 1857 brachen in vier Bundesstaaten 185 Banken zusammen.

Am 10. Oktober 1857 kam es in New York zum Bank-Run: «18 der Stadtbanken streckten schon an diesem Tag die Waffen, von den übrigen 33 folgten 32 am nächsten Tage.» (Fred Oelßner). Daraufhin wurden die Barzahlungsverpflichtungen suspendiert, was zu einer Lähmung des Geschäftsverkehrs in New York führte. In den nächsten Tagen schlossen allein hier mehr als 100 Handelshäuser. Die Gesamtzahl der Insolvenzen in der Krise 1857 und 1858 betrug in den USA mehr als 5 000, wobei keineswegs alle zahlungsunfähigen Unternehmungen wirtschaftlich ungesund waren. Vielmehr brachten das Ende der Spekulation und die Lähmung der Finanzmärkte auch solide Unternehmen an den Rand der Zahlungsfähigkeit. Von den Unternehmen, die zumindest zum Teil ihren Verpflichtungen nachkamen, nahmen viele später ihre reguläre Geschäftstätigkeit wieder auf. Die US-Krise verlief danach wie aus dem Lehrbuch. Nach der Insolvenzwelle und der mit ihr verbundenen Marktbereinigung nahm der Absatz der gestapelten Ware wieder zu, neue Kredite aus Europa kamen herein, das Geschäftsleben begann wieder. Die unmittelbare Krise des Bankensystems war im Dezember 1857 überwunden. Zwar zog sich die vom Platzen der Spekulationsblase ausgelöste Krise der realen Wirtschaft noch einige Zeit (bis 1859) hin, doch war deren Ausmaß nicht dramatisch. Staatliche Hilfen für Unternehmen hatte es nicht gegeben.

In England kam es – nicht zuletzt wegen der Nachrichtenverzögerungen – erst zwei Monate später zur Krise. Lange glaubte man dort sogar, ihr entgehen zu können. Der mit den amerikanischen Diskonterhöhungen verbundene Goldabfluss erzwang zwar auch auf britischer Seite Erhöhungen des Diskontsatzes, führte aber nicht unmittelbar zu negativen Auswirkungen auf die britische Wirtschaft. Ende Oktober, Anfang November 1857 kam es dann allerdings zu einer Serie von Bankzusammenbrüchen in Nordengland und in Schottland, was einen Run auf die englischen Banken auslöste, der durch das Eingreifen der Bank of England rasch beendet wurde – allerdings auf Kosten ihrer Goldbestände. Als diese dahinschmolzen, suspendierte die Regierung am 12. November 1857 die Bankakte und gestattete der Bank von England die zusätzliche Ausgabe von 2 Mio. Pfund in Noten unter der Bedingung, während der Zeit der zusätzlichen Notenausgabe den Diskontsatz auf dem Niveau von 10 Prozent zu halten. Das beruhigte den Markt, verteuerte allerdings die Kredite. In der folgenden Zeit kam es dann auch zu einer Reihe von Zusammenbrüchen von Handelshäusern, zu einem Sinken der Güterpreise, einem Rückgang der Produktion und einem Anstieg der Arbeitslosigkeit. Das Platzen der spekulativen Blase verstärkte einen konjunkturellen Abschwung, der bis 1859 anhielt. Erst in diesem Jahr wurden das Produktionsniveau und die Exportziffern von 1856 wieder erreicht. Die Arbeitslosigkeit unter den Mitgliedern der Trade Unions, die während der Krise auf 12 Prozent gestiegen war, pendelte sich nun wieder bei 2 Prozent ein.

Auf dem Kontinent war insbesondere der Finanz- und Handelsplatz Hamburg betroffen, während die Flächenstaaten zumeist ohne größere Zusammenbrüche durch die Krise kamen. Hier hatte das frühzeitige Ende der Spekulationsblase 1856 eine Zuspitzung 1857 verhindert. Gleichwohl wurde die Industrieproduktion auch auf dem Kontinent von der Krise in Mitleidenschaft gezogen; nur fehlte hier bis auf Hamburg der spektakuläre Knall. Hamburg war bis 1888 ein großer Freihafen, der als Umschlag-, Handels- und Finanzplatz der Weltwirtschaft diente. Er war das Tor zur Welt für große Teile des Kontinents und über Großbritannien eng mit dem atlantischen Handel verbunden. Hamburger Handels- und Bankhäuser organisierten und finanzierten den Handel; die Londoner City spielte die Rolle des Refinanzierers. An der starken Expansion des Welthandels hatte Hamburg daher großen Anteil, insbesondere auch an der spekulativen Aufblähung des Warenhandels, den man durch großzügige Wechselvergabe finanzierte. Im Herbst 1857 waren Hamburger Wechsel weltweit in einer Höhe von etwa 400 Mio. Mark banco im Umlauf.

Als die Krise in New York schon ausgestanden war und sich in London dem Ende zuneigte, brach sie in Hamburg aus. Zwischen dem 15. November und dem 15. Dezember 1857 kehrten fast laufend geplatzte Wechsel nach Hamburg zurück, die bedient werden mussten (bis Anfang Dezember im Wert von 100 Mio. Mark). Zahlreiche Insolvenzen drohten, gegen die man sich zunächst erfolglos mit einem Garantie-Discontverein schützen wollte; allein vom 2. bis zum 5. Dezember 1857 stellten 100 Handelshäuser ihre Zahlungen ein. Eine geradezu hysterische Stimmung verbreitete sich an der Börse und unter der Kaufmannschaft. Der Hamburger Senat wurde aufgefordert, u. a. Zwangspapiergeldemissionen vorzunehmen und die Wechselordnung außer Kraft zu setzen. Der Senat lehnte das ab, richtete aber mit österreichischem Geld eine Staatsdiscontokasse ein, die einzelnen Häusern mit insgesamt 15 Mio. Mark aushalf. Das beruhigte nach und nach den Markt. Dieser Staatseingriff war eine Hamburger Besonderheit; weder in den USA noch in Großbritannien intervenierte der Staat direkt, hier ließ man die Krise «ausbrennen».

Das Jahr 1858 war weltweit von einer wirtschaftlichen Depression gekennzeichnet. Erst im darauffolgenden Jahr setzte der Aufschwung wieder ein. Die USA schieden allerdings mit der Wirtschaftskrise von 1857 und dem sich wenige Jahre später anschließenden Bürgerkrieg für einige Zeit als das dynamische Zentrum der Weltwirtschaft aus. England gelang es freilich, nach dem Ende der Kämpfe in Indien und China, die dortigen Märkte für britische Industrieexporte zu öffnen. Der weltweite Aufschwung der 1860er Jahre hatte daher eine regional ausgeglichenere Struktur.

Die Weltwirtschaftskrise von 1857, und in der Tat handelte es sich sowohl vom Verlauf als auch von der Reichweite her um die erste Weltwirtschaftskrise, blieb trotz ihrer großen Ausmaße, die Marx und Engels im Herbst 1857 hoffen ließen, das letzte Stündlein des Kapitalismus habe geschlagen, die Ausnahme in einem eher positiven wirtschaftlichen Entwicklungsumfeld. Und

in der Tat war der spekulative Aufschwung der 1850er Jahre
Ausdruck einer tiefgreifenden ökonomischen Dynamik und keineswegs nur eine Übertreibung. Die großen Goldfunde, das Bevölkerungswachstum und die zahlreichen technischen und wirtschaftlichen Innovationen der Zeit schufen ein außerordentlich
günstiges ökonomisches Klima, das durch Krisen (im deutschen
Fall 1857 und – weniger ausgeprägt – 1866) nur jeweils kurz unterbrochen wurde und bis zum Beginn der 1870er Jahre anhielt.
In Deutschland gab es in den 21 Jahren von 1852 bis 1873 lediglich drei explizite Krisenjahre. Anders als vor 1848 wiesen nun
auch die Preise nach oben und die Unternehmensgewinne stiegen an, wodurch europäische Unternehmen ihre Rolle als Liefe-
ranten und Finanziers der Weltwirtschaft festigten. Der starke
Aufschwung der Kreditwirtschaft war trotz gelegentlicher
Übertreibungen keineswegs ein Nachteil oder gar eine Fehlent-
wicklung. Vielmehr ermöglichte er es, genügend Kapital für die
Entwicklung in Europa und den USA zu mobilisieren, das ande-
renfalls in den sicheren Hafen der Staatsanleihen oder unter die
Matratzen gewandert wäre.

Gründerboom, Gründerkrach und «Große Depression» Die
Jahre nach dem Ende der ersten Weltwirtschaftskrise von 1857
waren wiederum weltweit – von den durch den Bürgerkrieg ge-
lähmten USA abgesehen – Boomjahre, die nur 1866 und 1867
kurzfristig von einer Krise unterbrochen wurden. Nur in England nahm diese Krise wegen einer Verschlechterung der britischen Zahlungsbilanz und umfangreicher Goldabflüsse größere
Ausmaße an. In Deutschland wurde der Boom zusätzlich durch
die militärischen Erfolge Preußens und schließlich durch die
Reichseinigung nach dem Sieg über Frankreich 1871 angeheizt.
Die französische Kriegskontribution in Höhe von 5 Mrd. Gold-
francs, die im Übrigen problemlos auf den europäischen Anlei-
hemärkten untergebracht werden konnte, wirkte als zusätzliche
Stimulanz. Spätestens 1872 zeigten sich Überhitzungserscheinungen, die jedoch zunächst nicht ernst genommen wurden. Die Träger des Booms waren die gleichen wie in den 1850er Jahren, insbesondere der Eisenbahnbau, die Eisen- und Stahlindustrie und

der Kohlenbergbau, der Maschinenbau, das Textil- und Nah-
rungsmittelgewerbe sowie infolge des Bevölkerungs- und Städte-
wachstums die Bau- und Immobilienwirtschaft. Der Boom zeigte
sich in unterschiedlicher Ausprägung in der gesamten kapitalistischen Welt. 1872 herrschte Hochkonjunktur.

In Deutschland war der Expansionsprozess bereits in den Jahren seit 1866 beispiellos, nach 1871 nahm er geradezu dramatische Züge an: Neue Unternehmen schossen aus dem Boden, die
Nettoinvestitionen verdoppelten sich, die Geldmenge stieg stark
an und die Baukonjunktur erlangte ein Ausmaß, das erst nach
1949 wieder erreicht wurde. Entsprechend stiegen auch die Preise
für Investitions- und Konsumgüter deutlich an. Das maßgebende
Kennzeichen der Zeit war eine «Gründerwelle». Nachdem 1870
mit der Novelle des Handelsgesetzbuches für den Norddeutschen Bund bzw. dann für das Deutsche Reich das Aktienrecht
auch in Preußen liberalisiert worden war, und entsprechende Gesellschaften ohne Auflagen und Einschränkungen gegründet werden konnten, explodierte die Zahl der Börsengänge. Zwischen
1871 und 1873 wurden mehr als 900 neue Aktiengesellschaften
gegründet. Die geringere Anzahl hiervon waren wirkliche Neu-
gründungen; die größere Anzahl bestand aus Unternehmen, die
an die Börse gebracht wurden, um von hohen Zeichnungsgewin-
nen und weiter steigenden Aktienkursen profitieren zu können.
Da die großen Banken sich nicht selten scheuten, die Börsengänge auf eigenes Risiko durchzuführen, wurden Investmentbanken, sogenannte Maklerbanken, gegründet. Allein zwischen
1871 und 1872 tauchten mehr als 100 Aktienbanken neu auf den
Kurszetteln auf. Der Großteil der Börsengänge kam neben der
Schwerindustrie vor allem aus dem Bereich der Grundstücks-,
Immobilien- und Baugesellschaften, die sich angesichts steigender Immobilienpreise einer großen Nachfrage des Publikums
sicher sein konnten.

Die Aktienkurse an der Berliner Börse verdoppelten sich zwischen 1870 und 1872. Zugleich nahmen die Dividendenzahlun-
gen von Industrieunternehmen und Banken stark zu; an der Spitze
standen die neugegründeten Maklerbanken (Investmentbanken),
die zwischen 1871 und 1873 25 Prozent Dividende auf das

Nominalkapital ausschütteten. Allerdings mehrten sich 1872 auch die Anzeichen der Nervosität. Die Öffentlichkeit reagierte besorgt auf die zunehmenden Spekulationsphänomene, die im Reichstag und im Preußischen Abgeordnetenhaus zum Gegenstand öffentlicher Mahnungen wurden. Die Aktienkurse erreichten im Verlauf des Jahres 1872 ihren Höhepunkt. Der Immobilienboom hielt jedoch trotz der Warnungen an. Die Gründerkrise brach erst 1873, und zwar in zwei Wellen, aus. Eine erste Welle wurde Ende April/Anfang Mai 1873 durch Kursstürze und Zusammenbrüche am Wiener Aktienmarkt ausgelöst.

Dort hatte sich im Windschatten des Aufschwungs in Deutschland eine ganz eigene, vor allem durch Immobilienspekulation gespeiste Blase gebildet. Nach der Insolvenz einer Budapester Bank kam es im April und Mai 1873 an der Donau zu scharfen Kursrückgängen; selbst gute Papiere verloren innerhalb weniger Tage mehr als 90 Prozent ihres Wertes. Der Crash drohte die beteiligten Banken mit in den Abgrund zu reißen. Die Regierung griff ein, konnte aber die Panik nicht beenden. Erst die Schaffung eines großen Hilfsfonds unter Beteiligung der österreichischen Nationalbank beruhigte die Lage auf niedrigem Niveau.

Schwerer als das Wiener Debakel wirkte sich allerdings der Zusammenbruch der New Yorker Bank Jay Cook & Company am 18. September 1873 aus. Weil sie der Union geholfen hatte, den Bürgerkrieg zu finanzieren, stand sie in hohem Ansehen. Jay Cook & Company hatte sich nach dem Krieg an der Spekulation auf die Northern Pacific Railroad beteiligt, was im Prinzip eine sinnvolle Investition war. Wie in den 1850er Jahren wurden auch zu Beginn der 1870er Jahre Eisenbahnprojekte ohne große Einzahlungen der Aktionäre begonnen und über Anleihen finanziert, die später aus den Einnahmen des Eisenbahnbetriebs gedeckt werden sollten. In der Boomphase schossen die Kurse von Aktien und Anleihen nach oben. Im Jahr 1873 aber verschlechterten sich u.a. aufgrund steigender Bau- und Betriebskosten die Bedingungen des Eisenbahnbaus. Die Kurse stagnierten, die Aktionäre wurden zur Zahlung des gezeichneten Kapitals aufgefordert, die Kurse an den Börsen brachen aufgrund von Panikverkäufen zusammen. Eine große Pleitewelle folgte, die New

Yorker Börse musste zeitweilig geschlossen werden, das Finanzsystem stand am Abgrund. Aber auch diesmal griff der Staat nicht ein. Der Zusammenbruch des Finanzsystems konnte vielmehr nur durch einen gemeinsamen Rettungsakt der Banken und der New Yorker Handelsfirmen verhindert werden. Man verabredete, kein Geld aus den Depots über einen bestimmten Betrag hinaus abzuziehen. Höhere Summen wurden nur quittiert und einer neu eingerichteten Clearing-Stelle vorgelegt, die die Summen gegeneinander verrechnete. Dieses Clearing war erfolgreich. Der New Yorker Zusammenbruch hatte dennoch schwere weltwirtschaftliche Auswirkungen, da europäisches Kapital in großen Mengen im amerikanischen Eisenbahnsektor investiert war. Mit ihm wurde aus dem Wiener Debakel eine Weltwirtschaftskrise.

In Berlin begann der Zusammenbruch im Oktober 1873, als die Quistorpsche Vereinsbank, die besonders eng mit Immobilien- und Bauspekulationen verbunden war, zahlungsunfähig wurde. Die Aktienkurse hatten hier zu diesem Zeitpunkt ihren Zenit bereits überschritten. Die Krise führte zu einem Massenbankrott neugegründeter Aktiengesellschaften. Innerhalb von wenigen Jahren waren etwa 700 der nach 1870 neugegründeten 900 Unternehmen zahlungsunfähig. Die Börsenkurse, die sich im Sommer 1873 nach dem Wiener Debakel leicht erholt hatten, gaben nun endgültig nach. Der Kurswert von 444 Aktiengesellschaften, der Ende 1872 bei 4,53 Mrd. Mark gelegen hatte, stand Ende 1874 bei 2,44 Mrd. Mark. Von 186 seit 1869 gegründeten Aktienbanken schlossen 71 für immer ihre Türen.

In der Folge kam es in Deutschland wie weltweit zu einem schweren konjunkturellen Einbruch. Produktion und Absatz gingen zurück, die Preise fielen und auch die Investitionen brachen ein. Eine regelrechte Depression setzte ein, die zwar faktisch nur bis 1878/79 andauerte, aber das Klima bis in die 1890er Jahre zu bestimmen schien («Große Depression»). Diese Phase kann als eine ausgeprägte konjunkturelle Abkühlung interpretiert werden, die sich aus den kumulativen Wirkungen der starken Ausdehnung des Kapitalstocks, technischen Neuerungen und sinkenden Preisen ergab. Dabei waren die einzelnen

Wirtschaftszweige ganz unterschiedlich betroffen. Während die Schwerindustrie nach ihrer langen Expansionsphase nun erkennbar unter Überkapazitäten, großen Absatzproblemen und sinkenden Erträgen litt, begann für die chemische und elektrotechnische Industrie ein langer Aufstieg, der sich seit den 1890er Jahren stark beschleunigte. Auch die Großlandwirtschaft litt unter der internationalen Konkurrenz und sinkenden Preisen, ähnlich wie der Steinkohlenbergbau, der den starken Preisrückgang nur schwer verkraften konnte. Die Textilwirtschaft wiederum konnte sich noch knapp behaupten. Der Verfall der Preise war insofern konjunkturell der wirksamste Mechanismus. Die Großhandelspreise fielen von 1871 bis 1895 um etwa 40 Prozent. Auch die Preise für Investitions- und Verbrauchsgüter sanken in den Jahren bis 1879 enorm und erreichten bis 1914 nicht mehr den Stand der Gründerjahre. Neben den Absatzmengen brachen damit auch die Gewinnmargen der Unternehmen ein. Diese deflationäre Konstellation sollte für die kommenden Jahre bestimmend werden. Bei den Zeitgenossen der 1880er und 1890er Jahre herrschte nicht zuletzt wegen der deflationären Konstellation eine «pessimistische und unzufriedene Grundstimmung» (Hans Rosenberg).

Die depressive Stimmung mag zum einen auf das Trauma des Gründerkrachs zurückzuführen sein, hing aber im Wesentlichen damit zusammen, dass die seinerzeitigen Akteure vor allem auf Preise und Börsenkurse achteten, die sich in der Tat in den kommenden Jahren nicht erholten. Die Ursachen dieser deflationären Konstellation sind bis heute nicht wirklich geklärt. Sicher scheint immerhin, dass die schlechter werdende Goldversorgung eine Rolle spielte, da sie die Vermehrung der Geldmenge begrenzte. Andererseits waren im Gründerboom nicht nur erhebliche neue Kapazitäten geschaffen worden, sondern neue Produktionstechniken ermöglichten zugleich erstmals die Ausnutzung von Skalenvorteilen, die unter den Bedingungen einer relativ liberalen Weltwirtschaft indes die Konkurrenz maßgeblich verschärften. Insofern ist es fraglich, ob sich selbst bei rascherem Geldmengenwachstum wirklich höhere Preise hätten durchsetzen lassen.

Die Produktion zog trotz dieser deflationären Konstellation

seit dem Ende der 1870er Jahre wieder an. Niedrige Zinsen und Investitionen zur Modernisierung industrieller Anlagen trugen zum Aufschwung ebenso bei wie der Export von Eisenbahnbedarfsgütern in die USA oder – zumindest indirekt – die Verstaatlichung der Eisenbahnen in Preußen, die den Kapitalmarkt stimulierte. Gleichwohl blieb der Aufschwung nur kurz und war wenig ausgeprägt. Bereits 1883 brach erneut eine freilich schwächer verlaufende Überproduktionskrise aus, die bis 1886 andauerte. Der Roheisenverbrauch sank, die Großhandelspreise waren wiederum rückläufig, die Gründungszahlen von Aktiengesellschaften gingen zurück und auch die Aktienkurse gaben nach. 1886/87 setzte dann ein neuer zyklischer Aufschwung ein, der eine vierjährige Hochkonjunktur einleitete und wieder fast alle Industriezweige erfasste. Die alten Leitsektoren Schwerindustrie und Kohleförderung verzeichneten ebenso starke Zuwächse wie die Metallverarbeitung. Nun gingen auch die Aktienkurse wieder nach oben und das Kapital neugegründeter Gesellschaften wuchs erheblich. Der Aufschwung war aber erneut nur von kurzer Dauer. Die Jahre von 1891 bis 1893 waren von einem tiefen konjunkturellen Einbruch gekennzeichnet. Wieder sank das Sozialprodukt, der Roheisenverbrauch ging zurück, die Preise und Aktienkurse fielen.

Die Jahre zwischen 1873 und 1895 waren insgesamt nicht, wie man lange Zeit vermutet hat, eine Phase der Stagnation, sondern des verminderten Wachstums unter deflationären Bedingungen. Diese bewirkten sinkende Margen und Erträge, sodass die Stimmung in den Unternehmen schlecht war, ein Stimmungstief, das nach der Euphorie der Gründerjahre die ganze Gesellschaft erfasste. Vor allem verlor der Wirtschaftsliberalismus, der in der Gründerzeit das öffentliche Denken bestimmt hatte und bei der Liberalisierung des Aktienrechtes Pate stand, an Überzeugungskraft. Der Aufstieg der wissenschaftlichen «Socialpolitik» als Hauptströmung der Wirtschaftswissenschaft in Deutschland in jenen Jahren war nicht nur eine Frage nach der richtigen staatlichen Sozialpolitik, sondern betraf auch die Grundlagen des ökonomischen Denkens, das im Paradigma des Historismus zumindest in Deutschland dem Staat wieder eine sehr viel aktivere

Rolle zubilligte. Die Zeit der liberalen Dominanz war vorüber. Ein ganzes Bündel von Maßnahmen, die in den Jahren nach 1873 ergriffen wurden, gehört in dieses Bild. Die erneute Änderung des Aktienrechts und die Verstärkung des Gläubigerschutzes 1884 sind hier ebenso zu nennen wie die Mischung aus Zuckerbrot und Peitsche, die mit Sozialistengesetz und staatlicher Sozialversicherung zwischen 1878 und 1887 verfolgt wurde.

Zugleich beendete das Deutsche Reich, ebenso wie alle anderen Mächte mit Ausnahme Großbritanniens und der Niederlande, die Zeit des unbedingten Freihandels. Seit dem Ende der 1870er Jahre wurden – im internationalen Vergleich – moderate Zölle u. a. auf Eisen und Stahl, Kohlen, Textilien und Getreide erhoben, Zölle im Übrigen, deren Verlängerung später zu erheblichem innenpolitischen Streit führte, da die Exportinteressen des Landes beeinträchtigt wurden. Der Ruf nach dem Staat, sei es zum Schutz des Binnenmarktes, zur Absicherung sozialer Risiken oder zur Eindämmung von Spekulationsgeschäften, setzte wiederum voraus – sollte er erfolgreich sein –, dass die jeweiligen Interessen gebündelt auftraten. Die «Große Depression» war insofern auch die Geburtsstunde der Mehrzahl der großen Interessenverbände. Dabei war den Unternehmen durchaus klar, dass der Staat wenig ausrichten konnte. Dort, wo sie es konnten, suchten sie aus eigener Kraft zumindest eine Stabilisierung der Preise auf möglichst hohem Niveau zu erreichen.

Ob Kartelle «Kinder der Not» sind, wie zeitgenössisch behauptet wurde, sei dahingestellt. Die Kartellierungsbestrebungen jedenfalls waren unübersehbar, allerdings nur von begrenztem Erfolg. Das 1895 nach längeren Anläufen gegründete Rheinisch-Westfälische Kohlensyndikat umfasste schließlich fast den gesamten Ruhrkohlenbergbau und trug zur Beruhigung der Preisentwicklung bei. Kaum ein anderes Kartell erreichte eine derartig starke Stellung. Die meisten wurden in ihrer Funktionsfähigkeit durch innere Kämpfe und hohe Außenseiterquoten eingeschränkt und erwiesen sich als überaus labil. Während Industrieunternehmen durch Marktabsprachen der Gefahr sinkender Preise zu entkommen suchten, reagierten die großen Bankhäuser auf die

Krise mit der Beendigung ihres spekulativen Engagements und dem Aufbau dauerhafter Beziehungen zu bestimmten Industrieunternehmen. Der Typus der Universalbank, die zugleich Hausbank großer Industrieunternehmen ist, entstand auch als Folge der Gründerkrise, in der sich das spekulative Engagement der Banken als existenzgefährdend herausgestellt hatte. In der Masse der Bevölkerung machte sich überdies eine deutliche Ablehnung des Börsenkapitalismus bemerkbar, die teilweise propagandistisch geschürt wurde. Antisemitische Parolen nahmen stark zu, da als Sündenböcke für die großen Verluste von 1873 vor allem «jüdische Börsenjobber» herhalten mussten.

Die Jahrzehnte vor dem Ersten Weltkrieg Mit den 1890er Jahren änderte sich nicht nur in Deutschland, sondern weltweit das Wirtschaftsklima. Die Zeit zwischen dem Beginn der 1870er Jahre und der Mitte der 1890er Jahre kann man mit Schumpeter der Abschwungphase einer langen Welle zuordnen, während danach eine langfristige Aufschwungphase bestimmend wurde. In der Tat waren die Jahre 1895 bis 1913 trotz ausgeprägter Konjunkturzyklen wirtschaftlich sehr erfolgreich. Auf 18 Jahre kamen in Deutschland nur fünf Jahre konjunktureller Abschwünge, das Wachstum beschleunigte sich und aufgrund steigender Preise nahmen die Gewinne der Unternehmen zu. Vor dem Hintergrund der Krisen- und Depressionsjahre blieb die Mehrzahl der Unternehmer gegenüber fremdfinanzierter Expansion jedoch skeptisch; der Aufstieg wurde vornehmlich aus einbehaltenen Gewinnen finanziert; erst nach der Jahrhundertwende nahmen die Fremdkapitalquoten wieder zu. Folgerichtig entstand keine Kredit- und Aktienblase. Die Börsenkurse erreichten erst 1910 wieder das Niveau von 1873. Der 1895 einsetzende Wachstumszyklus war maßgeblich durch die Basisinnovationen in der Elektro- und Chemieindustrie geprägt. Die durchaus schwerwiegenden Stagnationen der Jahre 1901/02 und 1907/08, die vor allem durch Überproduktionserscheinungen in der Schwerindustrie ausgelöst wurden, waren rasch überwunden. Auf den Rückschlag 1907/08 folgte schließlich ein weiterer Aufschwung, der bis kurz vor dem Ersten Weltkrieg anhielt. 1913/14 machten sich erneut Stagnationskennzeichen bemerkbar, doch verhinderte der Ausbruch des Ersten Weltkrieges eine offene Rezession.

Der Aufschwung war ein weltweites Phänomen. Er profitierte auch davon, dass sich seit den 1890er Jahren die deflationäre Konstellation der «Großen Depression» auflöste. Goldfunde am Klondike und in Südafrika hatten seit der Mitte der 1890er Jahre dazu beigetragen, die deflationäre Situation zu entschärfen und somit auch die Einführung des Goldstandards im Jahr 1900 in den USA ermöglicht. Damit gab es eine stabile Währungsordnung für den internationalen Geld- und Warenverkehr zwischen den Zentren der Weltwirtschaft. Zwar wirkte der Goldstandard tendenziell restriktiv, da er zumindest theoretisch die Geldmenge an die jeweiligen Goldvorräte der Zentralbanken band. Er wurde aber flexibel gehandhabt und die Bank von England half Zentralbanken bei Liquiditätsproblemen im Notfall aus. Die Einführung des Giralgeldsystems (im Deutschen Reich 1907) milderte die restriktiven Folgen des Goldstandards zudem deutlich ab.

In den USA und in Deutschland zeigte sich vor 1914 die größte Dynamik. Während in Deutschland spekulative Übertreibungen ausblieben, kam es in den USA wiederholt zum Aufbau und zum Platzen von Blasen, die aber angesichts der robusten Weltkonjunktur keine Krisenszenarien auslösten wie noch 1857 und 1873. Die amerikanischen Finanzkrisen waren dennoch beunruhigend. Das Platzen einer Spekulationsblase führte 1907 in den USA schließlich dazu, dass sich der politische Wille zur Regulierung der Finanzmärkte in Form einer Nationalbank als «Lender of Last Resort» durchsetzte. 1913 wurde das Federal Reserve System geschaffen. Der das Bankensystem stets aufs Neue bedrohenden Spekulation schien damit der Giftzahn gezogen.

Die Jahre zwischen 1850 und 1914 waren insgesamt Zeiten großer wirtschaftlicher Expansion, in denen lediglich zwischen dem Beginn der 1870er und der Mitte der 1890er Jahre die Wachstumsdynamik geringer und die Stimmung nicht zuletzt wegen einer deflationären Grundkonstellation getrübt war. Wirtschaftskrisen «an sich» traten mit großer Regelmäßigkeit auf, jedoch erreichten vor allem die erste Weltwirtschaftskrise von 1857 und der Gründerkrach der Jahre nach 1873 auch den Charakter einer Krise «für sich», die also von den Zeitgenossen als einschneidendes Ereignis wahrgenommen wurde. Seither verliefen die Krisen milder – im Rahmen der Aufschwungphase einer langen Welle wurden sie schließlich nicht mehr als wirklich bedrohlich wahrgenommen, und auch die ökonomische Theorie bestätigte diesen Eindruck. Entsprechend betrieben die Staaten keine Wirtschaftspolitik im heutigen Sinne. Währungs-, Handels-, Finanz- und Sozialpolitik waren wichtig, aber an Konjunkturpolitik dachte man nicht. Man hätte schlicht nicht gewusst, was man sich darunter vorstellen sollte. Das sollte sich in den kommenden Jahrzehnten gründlich ändern.

VI. Krisen und Katastrophen im Zeichen der Weltkriege

Der Ausbruch des Ersten Weltkrieges beendete die Prosperitätsphase der Weltwirtschaft, die seit den 1890er Jahren angehalten hatte. Zwar kehrten nach dem Krieg die konjunkturellen Rhythmen zurück, doch waren sie wegen der zerstörten weltwirtschaftlichen Beziehungen und der wirtschaftlichen und sozialen Folgen des Krieges ausgeprägter als zuvor. Phasen einer geradezu hektischen Expansion wechselten mit tiefen Krisen, deren Tiefpunkt die Weltwirtschaftskrise bildete, die in weiten Teilen der Welt vor Ausbruch des Zweiten Weltkrieges noch nicht bewältigt war. Erst nach 1945 gelang es, an die langfristigen Entwicklungstrends der Zeit vor dem Ersten Weltkrieg anzuknüpfen. Die konjunkturellen Schwankungen der Zwischenkriegszeit markieren insofern eine besondere Phase der jüngeren Krisengeschichte. Es ist zweifelhaft, wie weit sich diese Erfahrungen verallgemeinern lassen.

Der Weltkrieg, die große Inflation und ihre Folgen   Die Folgen des Ersten Weltkrieges trafen sowohl die realen Austauschbeziehungen und damit die internationale Arbeitsteilung wie auch die Weltwährungsordnung, den Goldstandard, schwer. Das bis dahin relativ gut funktionierende Weltwährungssystem wurde zerstört. Schon bei Kriegsausbruch war deutlich, dass nach dessen Ende eine Rückkehr zu dem relativ freien Welthandelssystem der Zeit vor 1914 kaum möglich sein würde, da die Kriegsteilnehmer keinen Zweifel daran ließen, dass sie die weltwirtschaftlichen Strukturen je nach Kriegsausgang zu ihren Gunsten neu gestalten wollten. Nach 1918 gelang es in der Tat nicht, den Welthandel und das Weltwährungssystem der Vorkriegszeit wiederherzustellen, obwohl gerade dies eine wesentliche Voraussetzung zur Bewältigung der ökonomischen und finanziellen Kriegsfolgen (Reparationen, interalliierte Schulden) gewesen wäre. Die Weltwirtschaft litt nach 1918 an der teilweise politisch bedingten Blockade der weltweiten Arbeitsteilung. Der Krieg zog weitere strukturelle Belastungen nach sich. In zahlreichen nicht unmittelbar am Krieg beteiligten Ländern hatten während des Krieges Importsubstitutions- und Industrialisierungsprozesse stattgefunden; der Ausfall von Industrieimporten aus den kriegführenden Staaten Europas war durch den Aufbau eigener Produktionsstätten ausgeglichen worden. Zugleich erweiterten Staaten wie die USA, Argentinien oder Australien nach 1914 ihre landwirtschaftlichen Kapazitäten, um Europa mit Lebensmitteln versorgen zu können. Selbst bei gutem Willen standen damit große wirtschaftliche Probleme im Raum. Europas bisher dominante weltwirtschaftliche Stellung war nicht mehr selbstverständlich. Schließlich war auch absehbar, dass die binnenwirtschaftlichen Probleme der großen europäischen Staaten stark zunehmen würden. Vor 1914 waren die Staatsquoten durchweg relativ niedrig gewesen; im Krieg hatte der Staat immer größere Teile des Sozialprodukts für die Kriegsführung beansprucht. Dieser Anteil sank nach dem Krieg, doch eine Rückkehr in die wirtschaftsliberale Welt der Vorkriegszeit war allein deshalb ausgeschlossen, weil die sozialen Folgen des Krieges bewältigt werden mussten. Die Wirtschafts- und Währungspolitik der großen Staaten, die sich vor 1914 an der Stabilität der Weltwirtschaft und des Weltwährungssystems orientiert hatten, waren nach 1918 in sehr viel höherem Maße innenpolitischen Zwängen unterworfen – mit unabsehbaren Folgen.

Das Versailler System, das auf der zeitweiligen politischen und wirtschaftlichen Diskriminierung bzw. Schwächung der Kriegsverlierer beruhte und diesen zugleich die Kriegskosten in Form von Reparationen aufbürdete, verhinderte, so sah das zumindest John M. Keynes, die Rückkehr zu einer funktionierenden weltwirtschaftlichen Arbeitsteilung. Für die Zeitgenossen in Deutschland und den anderen Staaten, die den Krieg verloren hatten, stellte der Versailler Vertrag eine Katastrophe dar, weil man zu Zahlungen verpflichtet wurde, die angesichts der zerstörten weltwirtschaftlichen Arbeitsteilung nicht erwirtschaftet werden konnten. In den Siegerstaaten war die Lage nicht besser. Große Teile Nordostfrankreichs und Belgiens waren zerstört; der Krieg war überdies von Großbritannien, Frankreich, Italien und Russland zum Teil mit US-amerikanischen und britischen Krediten finanziert worden, auf deren Rückzahlung die USA und, solange sie selbst keinen Zahlungsaufschub erhielten, auch die Briten bestanden. Russland bediente seine Schulden nach der Revolution nicht mehr, sodass es auch deshalb nahelag, Deutschland zur Zahlung zu verpflichten. Während die USA in materieller Hinsicht der große Gewinner des Krieges waren (Anteil an der Weltindustrieproduktion 1913/1926–1929: 35,8 Prozent/42,2 Prozent) waren Deutschland (14,3/11,6) und Großbritannien (14,1/9,4) die Verlierer. Da mit dem Krieg die jeweiligen Auslandsguthaben entweder verlorengingen (Deutschland) oder zur Finanzierung des Krieges herangezogen werden mussten, verschoben sich auch die Gläubiger-/Schuldnerstrukturen grundlegend. Europa, der traditionelle Gläubiger der Welt, wurde zum Hauptschuldner, während die USA zum großen Gläubiger aufstiegen, ohne dass sie dieser Rolle wirklich gerecht wurden. Die Position der ausgleichenden Rolle in der Weltwirtschaft, die vor 1914 Großbritannien und die Bank von England innegehabt hatten, blieb nach 1918 unbesetzt.

Das Krisengeschehen der Zwischenkriegszeit wurde durch

diese Konstellation maßgeblich bestimmt. Zunächst waren jedoch die unmittelbaren wirtschaftlichen Folgen von Krieg und Kriegsführung entscheidender. Mit Kriegsausbruch 1914 war die Goldeinlösungspflicht europaweit aufgehoben. Faktisch war damit die heimische Wirtschafts- und Finanzpolitik von den Zwängen des Goldsystems befreit. Angesichts der Realität des Weltkrieges war dies kaum anders möglich, zeigten doch bereits die ersten Materialschlachten im Westen, dass der Krieg bislang unbekannte Anforderungen an Wirtschaft und Finanzen stellte. Hierauf war keiner der kriegführenden Staaten eingestellt; die großen Probleme bei Kriegsausbruch (Produktionsrückgänge, Kurzarbeit, Arbeitslosigkeit) zeugten nicht gerade von einer wirksamen Kriegsvorbereitung. Blockaden und Ausfuhrverbote setzten die Wirtschaft zusätzlich unter Druck, bis im Herbst 1914 die Expansion der Rüstungsanstrengungen die Lage änderte. Die Umstellung der Produktionen auf Rüstungsgüter kostete Geld, das der Staat nicht hatte. Nur ein Teil der Kriegskosten konnte durch Steuereinnahmen gedeckt, der größere Teil musste durch eine Ausweitung der Staatsschuld finanziert werden, die sich inflationsfördernd auswirken musste. Die Staatsquoten stiegen jedenfalls drastisch an, und zwar von etwa 10 Prozent vor 1914 auf 40 Prozent in Großbritannien, 50 Prozent in Frankreich und 60 Prozent in Deutschland im Jahre 1917. Das Geld floss in die boomende Rüstungsindustrie.

Die sich in der zweiten Kriegshälfte beschleunigende Inflation, zugleich Folge der Ausdehnung der Geldmenge wie der Verknappung des zivilen Güterangebotes, führte insbesondere in Deutschland zu einer sozialen Desintegration in der Gesellschaft, da wegen der Blockade auch eine physische Nahrungsmittelknappheit eintrat. Der Staat reagierte mit Bewirtschaftungsmaßnahmen, die aber, so man Geld hatte, unterlaufen werden konnten. Mangel und Schwarzmarktgeschäfte bestimmten in der zweiten Kriegshälfte den Alltag der Bevölkerung. 1918 standen zahlreiche europäische Staaten vor dem Zerfall. Russland, Österreich und Deutschland brachen als Erste zusammen, aber auch in England, Frankreich und Italien waren die sozialen Konflikte enorm.

Bei Kriegsende kam es zunächst zu einer Konversionskrise, als die Rüstungsaufträge zurückgingen bzw. ganz ausfielen und die Produktion auf zivile Güter umgestellt werden musste. Angesichts des großen Nachholbedarfs war die Krise europaweit aber nur kurz; vielmehr setzte rasch eine, allerdings nicht langanhaltende, Nachholkonjunktur ein. 1920 brach diese zusammen und eine schwere Weltwirtschaftskrise begann, die in gewisser Hinsicht den Rhythmus der Vorkriegszeit (die letzte Krise zeichnete sich 1913 ab) wieder aufnahm. Der unmittelbare Auslöser der Krise war der Versuch, durch eine restriktiv-deflationäre Finanzpolitik die Rückkehr zum Goldstandard entsprechend der Vorkriegsparitäten zum Dollar zu ermöglichen. Die USA waren das einzige Land, das direkt nach dem Krieg zum Goldstandard zurückgekehrt war. In Großbritannien war hierum eine politische Debatte entbrannt, die schließlich mit einem Votum zugunsten des Goldstandards und der Vorkriegsparität geendet hatte. Dies verlangte, die inflationär aufgeblähte Geldmenge zu reduzieren. Anders als vor 1914 führte die restriktive Finanzpolitik jetzt zu innenpolitischen Konflikten. Die britische Regierung entschied sich trotzdem für eine harte Linie und nahm damit zumindest eine Dämpfung der wirtschaftlichen Stimmung in Kauf. Diese Eintrübungen blieben nicht auf Großbritannien beschränkt. Der Versuch, die inflationären Folgen des Krieges zu bändigen, sorgte weltweit für konjunkturelle Einbrüche, die sich schließlich zu einer Weltwirtschaftskrise ausweiteten.

Vor allem Frankreich und Deutschland, die diese harte Linie nicht teilten, blieben von der Krise verschont. Frankreich verzichtete auf eine restriktive Finanzpolitik und strebte stattdessen später die Rückkehr zum Goldstandard zu veränderten Paritäten, d. h. zu einem abgewerteten Kurs des Franc an. Die Reichsbank hielt unter ihrem Präsidenten Rudolf Havenstein (1857–1923) auch nach dem Ende des Krieges in enger Abstimmung mit der Reichsregierung an der Finanzierung des Reichshaushaltes über die Erhöhung der schwebenden Reichsschuld, die anders als die konsolidierte, über Anleihen finanzierte Reichsschuld unmittelbar die Geldmenge erhöhte, fest – und machte damit bei der Demobilisierung des Heeres und der Bewältigung der Konversionskrise keine schlechten Erfahrungen. Angesichts der großen sozialen Auseinandersetzungen schien es auch danach politisch ratsam, durch öffentliche Ausgaben zum sozialen Frieden beizutragen. Zudem erwies sich diese Art der Haushaltspolitik, die zum Absinken des Außenwertes der Mark führte, als eine Art Konjunkturprogramm, da Exporte massiv gefördert und Importe erschwert wurden. Solange der Außenwert der Mark rascher fiel als ihr Binnenwert, war es für Ausländer vorteilhaft, Mark-Bestände zu erwerben und in Deutschland auszugeben – ebenso wie Devisenschieber in Deutschland selbst von diesen unterschiedlichen Tempi der Geldentwertung profitieren konnten.

Auf diese Weise gelang es in Deutschland bis 1922 Vollbeschäftigung zu gewährleisten. Im Herbst und Winter 1922 begann die Arbeitslosigkeit zu steigen, doch trotz galoppierender Inflation brach erst im September 1923 der Arbeitsmarkt zusammen, um dann in der Konsolidierung nach der Währungsreform hohen Arbeitslosenzahlen Platz zu machen. Das Sozialprodukt, das 1918/19 kaum mehr zwei Drittel der Vorkriegszeit erreicht hatte, erholte sich bis 1922 auf mehr als 80 Prozent des Vorkriegsstandes, um dann allerdings auf etwa 73 Prozent zurückzugehen. Denn spätestens vom Frühjahr 1923 an wurde der wirtschaftliche Alltag chaotisch, im Herbst 1923 schließlich kam die Wirtschaft weitgehend zum Erliegen. Erst der radikale Währungsschnitt vom Oktober 1923 und die Umstellung von Mark auf Rentenmark im Verhältnis von 1 Billion Papiermark zu 1 Rentenmark riss den Inflationsschleier fort. Die sich anschließende restriktive Haushalts- und Finanzpolitik, die die junge Währung schützen sollte, löste eine umfassende Anpassungskrise aus, die das wirtschaftliche Geschehen im Jahr 1924 bestimmte. Massenarbeitslosigkeit war nun auch in Deutschland an der Tagesordnung. Die restriktive Haushalts- und Finanzpolitik wirkte; mit dem Dawes-Abkommen zur Regelung von Deutschlands Reparationsschuld wurde auch dessen Kreditfähigkeit wiederhergestellt, über die die Reichsbank zukünftig mit einer restriktiven Zinspolitik wachte. Am 30. August 1924 konnte mit der Einführung der Reichsmark das Kapitel der Inflation in Deutschland abgeschlossen werden.

In Deutschland wurde nach 1918 also eine Geld- und Finanzpolitik betrieben, die sich strikt an innen- und sozialpolitischen Gesichtspunkten orientierte und die Weltwirtschaftsbeziehungen im Grunde ignorierte. Damit fuhr das Land zumindest, was die volkswirtschaftlichen Aggregatgrößen betraf, längere Zeit nicht schlecht. Im Vergleich mit Großbritannien zeigt sich hier das Dilemma, in das die internationale Währungspolitik der Zwischenkriegszeit geriet. Die Aufrechterhaltung des Goldstandards verlangte eine restriktive Haushalts- und Finanzpolitik, die unter den nach dem Krieg gegebenen massendemokratischen Verhältnissen aber nur noch schwer durchzusetzen war, abgesehen davon, dass sie ökonomisch nicht immer vorteilhaft sein musste. Da große Teile der europäischen Politik, insbesondere die britische Regierung und die Bank von England, von der segensreichen Wirkung des Goldstandards vor 1914 überzeugt waren, setzte sie ihn trotz seiner gravierenden sozialen Folgen nach dem Ersten Weltkrieg wieder durch. Auch Deutschland war schließlich gezwungen, in den Goldstandard zurückzukehren und sich seiner Logik zu beugen, da nur auf diese Weise der Außenwert der neuen Reichsmark so stabilisiert werden konnte, dass die nach dem Dawes-Plan von 1924 fälligen Reparationsverpflichtungen in Höhe von etwa 2 Mrd. Reichsmark auch gezahlt werden konnten. Allein deshalb war klar, dass das deutsche «Modell» der Inflation an seine Grenzen stieß. Es schuf und verschärfte das Problem des Transfers der Reparationszahlungen, zu denen Deutschland nach dem Vertrag von Versailles verpflichtet war, und begünstigte die Forderung nach Sachleistungen. Aber auch strukturell war der Erfolg der Inflation teuer erkauft. Zahlreiche Unternehmen entschuldeten sich in der Inflation und weiteten, nicht zuletzt zur Wertsicherung, ihre bereits im Krieg ausgebauten Anlagen weiter aus, sodass es in der Inflation zu einem Investitionsschub kam, der sich späterhin strukturbelastend auswirken sollte. Leidtragende der Inflation waren vor allem die Besitzer von Geldtiteln, namentlich von Kriegsanleihen, Rententiteln und Ersparnissen, während der Staat, die Masse der Unternehmen und der landwirtschaftlichen Betriebe ihre Schulden loswurden, und die Arbeiter zumindest ihre Reallohnposition einigermaßen verteidigen konnten. Die Hyperinflation legte schließlich das Wirtschaftssystem lahm und hinterließ eine verarmte und sozial zerrissene Gesellschaft.

Die «Goldenen Zwanziger Jahre»   An die schwere Anpassungskrise nach dem Ende der Inflation schloss sich in Deutschland ein langsamer Wiederaufstieg an, der allerdings 1925/26 bereits wieder von einer kurzen Wirtschaftskrise unterbrochen wurde. Die Jahre 1927 und 1928 sahen dann eine langsame Besserung der Lage; die Arbeitslosigkeit blieb allerdings im Vergleich zur Vorkriegszeit mit knapp unter 10 Prozent dauerhaft hoch. Auch die Ertragslage der Unternehmen war ungünstig, die Investitionsquote niedrig. Ein Teil der Investitionen konnte nur durch die Hereinnahme ausländischen Kapitals finanziert werden, das, obwohl nur kurzfristig vergeben, nicht selten zu längeren Fristen wieder ausgegeben wurde. Dadurch entstand ein weiteres potentielles Problem für den Fall, dass die ausländischen Geldgeber ihr Kapital zurückzogen. Die Investitionsschwäche der Weimarer Jahre war indes nicht allein eine Folge geringer Erträge und großer Finanzierungsprobleme, obwohl die Verbände der Wirtschaft dies behaupteten. Die deutsche Industrie litt unter Überkapazitäten, während die Aufnahmefähigkeit des Binnenmarktes gering war. Die Unternehmen suchten dieses Problem durch eine zielgerichtete Verbesserung ihrer Kostenstrukturen zu lösen. Ein Niedrighalten der Löhne und die Rationalisierung der Produktionsprozesse waren die Mittel der Wahl, um wieder Handlungsspielraum zu gewinnen. Gesamtwirtschaftlich wurden die Probleme durch diese Strategie, die für die einzelnen Unternehmen alternativlos war, aber verschärft. Denn was aus der Sicht des einzelnen Unternehmens logisch war, erhöhte über die Rationalisierungseffekte insgesamt die Kapazitäten. Die Wirtschaft der Weimarer Republik blieb in dem Dilemma zu hoher Kapazitäten, relativ hoher Löhne (Knut Borchardt) und eines erschwerten Zugangs zu den internationalen Märkten bei gleichzeitigem Kapitalmangel verhaftet. Ein Ausweg zeichnete sich nicht ab.

Dieses Dilemma war keine deutsche Sonderentwicklung, im Gegenteil; Deutschlands Probleme wurden durch die strukturellen Verwerfungen der Weltwirtschaft noch verschärft. Die Investitionen und die Importsubstitutionsindustrialisierung der Kriegszeit hatten die industriellen Kapazitäten weltweit erhöht, die nun deflationär auf die Märkte drückten. Denn auch in den anderen am Krieg beteiligten Staaten waren bestimmte Produktionskapazitäten massiv ausgeweitet worden. So hatte sich etwa die Kapazität der Eisen- und Stahlindustrie in Europa im Vergleich zur Vorkriegszeit um mehr als ein Drittel erhöht. Noch höhere Zuwachsraten wiesen der Fahrzeug- und Flugzeugbau auf. Besonders betroffen hiervon war, wie bereits gezeigt, die Landwirtschaft. Der Ausfall der russischen Lieferungen nach 1918 verhinderte zwar unmittelbar nach dem Krieg den Ausbruch einer Agrarkrise, als strukturelle Belastung wurden die weltweiten Überkapazitäten aber bald spürbar und die Preise blieben unter Druck. Industrielle Überkapazitäten und agrarische Überproduktion wurden zu den großen Belastungsfaktoren des internationalen Handels und der internationalen Handelspolitik, hinzu kamen die Probleme der Reparationen und der Kriegsschulden sowie der internationalen Währungsordnung. Da das Versailler System überdies eine Fülle miteinander verfeindeter bzw. rivalisierender neuer Staaten geschaffen hatte und auch die ehemaligen Kriegsgegner auf Revanche bzw. auf dauerhafte Niederhaltung fixiert waren, fehlten Mitte der 1920er Jahre fast alle Voraussetzungen, um zu einer funktionierenden internationalen Arbeitsteilung zurückzukehren.

Der Versuch wurde u. a. mit mehreren internationalen Handels- und Weltwirtschaftskonferenzen unternommen. Dabei standen das Währungsproblem bzw. die Frage der Wiedereinführung des Goldstandards und seine Funktionsweise im Mittelpunkt der Überlegungen. Trotz der Schwierigkeiten, die Rückkehr zum Goldstandard durchzusetzen und seine Paritäten aufrechtzuerhalten, war die Auffassung verbreitet, allein der Goldstandard könne der Garant für eine prosperierende weltwirtschaftliche Arbeitsteilung sein. Mitte der 1920er Jahre kehrten daher zahlreiche Länder zum Goldstandard zurück. Kurz vor Ausbruch der Weltwirtschaftskrise hatte sich der Goldstandard als Weltwährungssystem erneut durchgesetzt.

Im Gegensatz zur Vorkriegszeit, als die Bank von England über die Funktionsweise des Goldstandards gewacht und Ländern mit Liquiditätsproblemen kurzfristig ausgeholfen hatte, fehlte in der Zwischenkriegszeit eine solche zentrale Instanz. Die Bank von England konnte diese Rolle nicht mehr ausfüllen, da ihr hierfür die finanziellen Voraussetzungen fehlten, und die USA wollten diese Rolle nicht übernehmen, während Frankreich seine starke Position im internationalen Währungssystem vor allem zur Durchsetzung politischer Ziele nutzte. Da mit dem Goldstandard die Geldmenge an die verfügbaren Goldreserven gekoppelt war, erzwangen Goldabflüsse eine restriktive Finanz- und Zinspolitik, die vor dem Ersten Weltkrieg scheinbar mühelos möglich war, nun aber zu großen innenpolitischen Konflikten führte. Dies spürte insbesondere die englische Regierung, die wiederholt massiv zugunsten des Pfundes und damit zum Nachteil der Binnenkonjunktur intervenieren musste. Auch die währungspolitische Souveränität Deutschlands war wegen seiner Zahlungsverpflichtungen eingeschränkt, ganz abgesehen davon, dass das Land für Kapitalzuflüsse, auf die es dringend angewiesen war, unattraktiv geworden wäre, hätte es eine laxe Währungs- und Zinspolitik betrieben. Da die USA, so eine verbreitete Klage, nicht bereit waren, mehr Verantwortung zu übernehmen und etwa die interalliierten Kriegsschulden zur Disposition zu stellen, sondern sich strikt an binnenwirtschaftlichen und nationalen Gesichtspunkten orientierten, neigte das System des Goldstandards mithin zur ökonomischen Selbstblockade und begünstigte eine deflationäre Entwicklung, die die negativen Folgen der weltweiten Überkapazitäten noch verschärfte.

Ob die deflationäre Tendenz der Zwischenkriegszeit allein auf den Goldstandard zurückzuführen ist, ist umstritten. Die Überkapazitäten im Bereich der Industrie und der Landwirtschaft sowie der politisch behinderte Welthandel sorgten allein schon für einen erheblichen Druck auf die Preise. Dennoch kam es in den USA seit der Mitte der 1920er Jahre zu einem schließlich auch spekulativ getriebenen Aufschwung, der den Hintergrund für

die «Goldenen Zwanziger Jahre» schuf. Dieser spekulativ überhöhte Konjunkturaufschwung, der sich 1927 und 1928 auch in
zahlreichen europäischen Volkswirtschaften zeigte, führte zu
einem starken Anstieg der Kurse an der New Yorker Börse mit
allen Anzeichen einer Blasenbildung. Da der Kapitalexport aus
den USA nach Europa anhielt, verschlechterte sich die amerikanische Zahlungsbilanz, sodass die Federal Reserve Bank 1928
die Zinssätze deutlich anhob. Das beendete den Kapitalabfluss
nach Europa und brachte Großbritannien und Deutschland in
Zahlungsbilanzschwierigkeiten, förderte aber noch die Spekulation, da sich das amerikanische Kapital nun ganz der Wall Street
zuwandte. Die Zahlungsbilanzkrise in Europa konnte zwar noch
einmal abgewendet werden, aber die Spekulation in den USA erreichte neue Höhepunkte. Als die Spekulationsblase im Herbst
1929 platzte, löste sie die bis heute schwerste Krise der Weltwirtschaft aus. Aus einem konjunkturellen Abschwung wurde durch
die Kombination von Spekulationscrash, Rezession, Krise des
internationalen Währungs- und Finanzsystems, strukturellen
Schwächen sowie einer zunehmend protektionistischen Wirt-
schafts- und Handelspolitik schließlich eine ökonomische und
soziale Katastrophe, ohne die auch der Aufstieg des Nationalsozialismus in Deutschland nicht möglich gewesen wäre.

Die Weltwirtschaftskrise Die Weltwirtschaftskrise brach – je
nach Land unterschiedlich – zwischen 1928 und 1930 aus und
dauerte wiederum unterschiedlich lange – zum Teil war sie bei
Ausbruch des Zweiten Weltkrieges noch nicht überwunden. Ihr
Epizentrum lag in den USA. Des Weiteren war Deutschland besonders stark von der Krise betroffen, während Staaten wie etwa
Frankreich oder die Niederlande einen milderen Krisenverlauf
zeigten. Auch in Großbritannien fiel die Weltwirtschaftskrise
nicht so dramatisch aus wie in Deutschland, nicht zuletzt deshalb, weil dort auch in den zwanziger Jahren kaum ein Aufschwung stattgefunden hatte.

In der Kernphase der Krise zwischen 1929 und 1932 sank das
Bruttoinlandsprodukt in den USA und in Deutschland um mehr
als ein Viertel, die Industrieproduktion ging gar um zwei Fünf-

tel zurück, wobei die verschiedenen Branchen unterschiedlich schwer getroffen wurden. Besonders stark waren die Rückgänge im Bereich der Schwer- und der Investitionsgüterindustrie, während die Verbrauchs- und Konsumgüterindustrie geringere Einbußen verzeichnete. Ein Zentrum der Krise lag zweifellos auch in der Landwirtschaft, die bereits seit dem Kriegsende mit Absatzproblemen und sinkenden Preisen zu kämpfen hatte. Die Krise in der Landwirtschaft wurde in den USA, in Verbindung mit den finanziellen Hilfen für die ostdeutsche Landwirtschaft aber auch in Deutschland, zu einem Problem, das das politische System unmittelbar belastete. Die Arbeitslosigkeit war insbesondere in den USA und in Deutschland hoch. Offiziell gab es 1932 in Deutschland sechs Mio. Arbeitslose. Rechnet man Kurzarbeit und versteckte Arbeitslosigkeit hinzu, so ist davon auszugehen, dass fast die Hälfte der Bevölkerung direkt oder indirekt von Arbeitslosigkeit und ggf. sozialer Deklassierung betroffen war. Eine «kollektive Krisenneurose», so Hans Rosenberg, machte sich breit, die zur Radikalisierung von Teilen der Bevölkerung beitrug. Im Sommer 1932 war in Deutschland der Tiefpunkt der Krise durchschritten; auch in den USA machten sich «Bodenbildungen» bemerkbar. Doch dauerte es in den USA bis zum Krieg, bis die Weltwirtschaftskrise überwunden war. In Deutschland ging es wegen der Rüstungswirtschaft des Nationalsozialismus schneller. Hier war 1936 Vollbeschäftigung erreicht und das Vorkrisenniveau der Produktion überschritten. In den anderen europäischen Staaten war die Weltwirtschaftskrise Mitte der 1930er Jahre zwar bewältigt, doch machte sich kein wirklicher Aufschwung bemerkbar. Die wirtschaftliche Entwicklung blieb auch hier bis zum Krieg, der alles änderte, verhalten.

Der Ausbruch der Weltwirtschaftskrise wird in der Regel mit dem drastischen Kursrückgang an der New Yorker Börse, dem Schwarzen Donnerstag (in Europa: Freitag), 24. Oktober 1929, in Verbindung gebracht. In Deutschland war die konjunkturelle Lage allerdings bereits zuvor eingetrübt, einige Indikatoren deuten darauf hin, dass der konjunkturelle Wendepunkt schon in den ersten Monaten des Jahres 1929 erreicht war. Die Folgen des Börsenzusammenbruchs in den USA waren aber gleichermaßen in Deutschland spürbar. Allerdings dachte man auch hier schon 1930, dass man das Schlimmste wohl überstanden habe, wie überhaupt weltweit die Mehrzahl der Beobachter 1930 davon ausging, die Krise sei in absehbarer Zeit überwunden. Das Handeln der Regierungen, die auf den Ausbruch der Weltwirtschaftskrise mit einer Verschärfung ihrer sowieso schon restriktiven Finanz- und Haushaltspolitik reagiert hatten, schien daher angemessen zu sein.

Mit dem Zusammenbruch der Österreichischen Kreditanstalt begann 1931 eine zweite Phase der Weltwirtschaftskrise, die sich zum Zusammenbruch des Weltwirtschaftssystems zuspitzte und schließlich mit einer Abkehr vom Goldstandard und dem Wettlauf in den Protektionismus endete. Die österreichische Bankenkrise führte zu einem beschleunigten Kreditabzug aus Österreich und Deutschland, sodass sich deren Zahlungsbilanzpositionen dramatisch verschlechterten. Der Abzug von Auslandskapital wurde noch dadurch verstärkt, dass Frankreich eine geplante deutsch-österreichische Zollunion als Bruch des Versailler Vertrages interpretierte und schließlich Hilfen nur in Aussicht stellte, wenn Deutschland hierauf verzichtete. Die Zusicherung wurde zwar gegeben, doch änderte dies nichts mehr am Zusammenbruch des deutschen Finanz- und Bankensystems im Sommer 1931. Der Konkurs der Norddeutschen Wollkämmerei & Kammgarnspinnerei (Nordwolle), einer großen Delmenhorster und Bremer Textilfirma, riss die Darmstädter und Nationalbank in den Abgrund, woraufhin ein Bank-Run einsetzte, der nur mit Zwangsfeiertagen bewältigt werden konnte. Die zahlungsunfähigen und von Eigenkapital faktisch «befreiten» deutschen Großbanken, die sich auch untereinander kaum geholfen hatten, wurden vom Staat teilweise oder ganz übernommen, zum Teil auch zwangsfusioniert. Zugleich ging das Reich zur Devisenzwangswirtschaft über, um den weiteren Abzug von Gold und Devisen zu beenden, da eine Abkehr vom Goldstandard und der mit ihm verbundenen Hochzinspolitik im Rahmen des Reparationssystems ausgeschlossen war.

Der Zusammenbruch des zentraleuropäischen Finanzmarktes belastete in der Folge auch das Pfund Sterling und den Finanzplatz London so schwer, dass es immer schwieriger wurde, die Goldparität des Pfundes zum Dollar zu verteidigen. Das internationale Handelssystem hatte bereits 1930 durch den protektionistischen Smoot-Hawley-Tariff der USA einen schweren Schlag erhalten, in dessen Folge zahlreiche Staaten zu Erhöhungen ihrer Zölle übergingen. Im Sommer 1931 verschärften sich die Probleme derart, dass Großbritannien im September den Goldstandard aufgab, das Pfund abwertete und umfangreiche Maßnahmen zum Schutz des Empire einführte. Damit war das Weltwirtschaftssystem zerbrochen, auch wenn noch einige Länder unter Führung Frankreichs am Goldstandard festhielten. Der Welthandel, der bereits seit 1930 geschrumpft war, ging noch einmal stark zurück. In der Weltwirtschaft existierten nun drei (mit den Silberwährungsländern wie China sogar vier) zumindest von der Währung her gegeneinander abgeschottete Zonen: ein Goldblock mit Frankreich, den Niederlanden, Belgien und den USA, der aber zur Auflösung neigte, da ihn die USA unter dem Druck der innenpolitischen Verhältnisse bereits 1932 verließen; daneben ein Sterling-Block mit dem Britischen Empire als Zentrum sowie vor allem in Mittel- und Osteuropa eine Zone der Devisenzwangswirtschaft. Die Weltwirtschaft war am Ende.

Die einzelnen Staaten wandten sich von den bisherigen Prinzipien einer liberalen Wirtschaftspolitik ab, in deren Mitte die Aufrechterhaltung und Garantie des Goldstandards gestanden hatte. Barry Eichengreen und Peter Temin sprechen zu Recht davon, dass die Logik des Goldstandards das wirtschaftspolitische Denken bis in die frühen dreißiger Jahre beherrscht und das Handeln bestimmt habe. Die Einhaltung des Goldstandards verlangte aber finanzielle Disziplin und eine niedrige Inflationsrate, im Grunde also, so zumindest die Kritiker, eine Politik der Deflation. In der Krise hielten die verschiedenen Regierungen, insbesondere das Kabinett von Heinrich Brüning (1885–1970) in Deutschland und die Hoover-Administration in den USA, trotz der offenkundigen innenpolitischen Probleme an der Politik des Goldstandards fest, wobei Alternativen hierzu zumindest im deutschen Fall allerdings auch kaum existierten. Die Inflationserfahrungen und das Reparationsregime mit seiner Verpflichtung der Reichsbank, dem Reich nur sehr begrenzt Kredit zu geben, beschränkten Brünings Spielraum. Politische Motive kamen hinzu, da Brüning durch seinen Kurs der strikten Haushaltskonsolidierung zeigen wollte, dass sich Deutschland um eine buchstabengetreue Erfüllung der Reparationsverpflichtungen bemühte, diese aber objektiv nicht leisten konnte. Folgerichtig senkte Brüning mit seiner Politik der Notverordnungen mehrfach Löhne, Gehälter und, wo es möglich war, auch Preise, reduzierte die Staatsausgaben und suchte so der Krise und den Reparationsverpflichtungen Herr zu werden. Die Erfolge waren indes begrenzt. Die zweite Phase der Weltwirtschaftskrise seit dem Frühsommer 1931 und der Zusammenbruch der Weltwirtschaft nach der Pfundabwertung im September 1931 verdüsterten die Zukunftsaussichten der Wirtschaft dramatisch, während die innenpolitischen Spannungen in der Folge der Stimmenzuwächse von Nationalsozialisten und Kommunisten massiv zunahmen. Als Brüning im Frühsommer 1932 von Hindenburg fallengelassen wurde, wähnte er sich zwar kurz vor dem Erfolg seiner Politik, was angesichts des sich abzeichnenden Endes der Reparationen und des durchschrittenen Tiefpunktes der Weltwirtschaftskrise in Deutschland nicht einmal unrealistisch war. Doch entging dies der Öffentlichkeit, die endlich nach durchgreifenden Maßnahmen zur Überwindung der Krise verlangte.

Auch in den USA erreichte die Hoover'sche Austeritätspolitik, die trotz durchaus vorhandener Stützungsmaßnahmen für die amerikanische Wirtschaft die Probleme vor allem durch Finanzdisziplin zu überwinden gedachte und dabei vielleicht die Krisen des 19. Jahrhunderts im Hinterkopf hatte, 1932 ihre Grenzen. Franklin D. Roosevelt (1882–1945) wurde auch deshalb zum Präsidenten gewählt, weil er einen Bruch mit der bisherigen Politik verkündete und plante, die Bundesregierung in Washington zu einem aktiven Faktor der Krisenbewältigung zu machen. Die Abkehr von den bisherigen Paritäten des Goldstandards, die Abwertung des Dollars und die Unterordnung der Wirtschafts- und Währungspolitik unter innenpolitische Vorgaben waren dabei nur erste Schritte. Die unter dem Sammelbegriff «New Deal» bekannt gewordenen Maßnahmen umfassten sehr viel mehr

Schritte, angefangen bei umfangreichen Stützungsmaßnahmen für die Landwirtschaft bis hin zu großen Infrastrukturprojekten (Tennessee Valley Administration). Eingebettet waren diese in ihrer Wirkung nicht sonderlich erfolgreichen Maßnahmen zudem in eine umfassende Mobilisierung der amerikanischen Bevölkerung (Blue Eagle Campaign) zur gemeinsamen Überwindung der Krise, in der sich Franklin D. Roosevelt meisterhaft und verfassungsrechtlich nicht unbedenklich zum Volkstribun entwickelte, der die parlamentarischen Strukturen des Landes mit großen Kampagnen unter Druck setzte. Wolfgang Schivelbusch hat nicht zu Unrecht eine Studie, die die Antikrisenpolitik in den USA, Italien und Deutschland nach 1932/33 miteinander vergleicht, unter den Titel der «Entfernten Verwandtschaft» gestellt.

In Deutschland jedenfalls mehrten sich 1932 ebenfalls die Stimmen, die eine aktive staatliche Antikrisenpolitik verlangten, vor allem um das Ausmaß der Arbeitslosigkeit zu begrenzen. Die Regierung Hitler war mit ihrer «Arbeitsbeschaffungspolitik», die sich zunächst auf Vorlagen der späten Weimarer Republik stützte, auch sehr erfolgreich. 1936 hatte Deutschland als erstes Land die Vollbeschäftigung erreicht und die Weltwirtschaftskrise in wichtigen Punkten überwunden. Doch was offiziell als Arbeitsbeschaffungspolitik firmierte, war de facto ein gigantisches, kreditfinanziertes Aufrüstungsprogramm, durch das der Aufschwung zweifellos massiv unterstützt wurde, das aber die volkswirtschaftlichen Strukturen stark verzerrte. Während die Einkommen stagnierten und die Verbrauchs- und Konsumgüterindustrien kaum wuchsen, boomten die rüstungsrelevanten Bereiche der deutschen Wirtschaft. Der Aufschwung, der in Zahlen ausgedrückt sehr eindrucksvoll schien, ging insofern an den Menschen vorbei und hatte keinerlei dauerhafte Tragfähigkeit. Der Weg in den Krieg war vorgezeichnet. Die Mehrzahl der deutschen Unternehmen beteiligte sich an der Aufrüstungspolitik des Nationalsozialismus, da man sich hiervon Vorteile für die eigene Geschäftsentwicklung versprach. In der Endphase der Weimarer Republik hatten die Unternehmen die restriktive Finanz- und Haushaltspolitik aber keineswegs offen kritisiert, sondern im

Gegenteil, eine noch schärfere Haushaltskonsolidierung verlangt, um die Steuerbelastung der Wirtschaft zu senken. Kritikpunkte waren vor allem die staatliche Schlichtung und das Tarifwesen, das in der Krise ein weiteres Absinken der Löhne und damit – aus der Sicht der Unternehmen – die Wiedergewinnung von Wettbewerbsfähigkeit behinderte. Die Strategie der Unternehmen hatte auf eine Rückeroberung von Weltmarktanteilen gesetzt; in diesem Rahmen war die Politik der Kostensenkung und der Aufrechterhaltung einer stabilen Währung nur folgerichtig. Im Sommer 1931 aber zerplatzten diese Hoffnungen. Der Druck auf die Kosten wurde daher noch stärker, schließlich auch die Kritik an der Regierung Brüning, die in der Frage des Tarifsystems nicht radikal genug schien. Im Grunde aber hatte zumindest die organisierte Unternehmerschaft in der Weltwirtschaftskrise außer Kostensenkungen wenig anzubieten, vom späten Liebäugeln mit einem europäischen Wirtschaftsblock als Alternative zur versagenden Weltwirtschaft vielleicht noch abgesehen.

Das liberale Denken geriet indes nicht allein wegen der nur geringen Erfolge der von ihm inspirierten staatlichen Wirtschaftspolitik in die Krise; es verlor auch nach und nach seine Hegemonie in der ökonomischen Theorie, die es bisher relativ konkurrenzlos beherrscht hatte. Eine eigene Krisentheorie hatte die Neoklassik nicht entwickelt. Umso mehr konnte der englische Ökonom John M. Keynes nun dieses Feld besetzen, dessen «General Theory» 1936 geradezu wie eine Offenbarung aufgenommen wurde, da sie einer aktiven staatlichen Konjunkturpolitik die theoretische Begründung lieferte. Die Keynes'sche Interpretation der Weltwirtschaftskrise, wonach deren Dauerhaftigkeit und Tiefe vor allem durch das fehlende bzw. zu späte Eingreifen des Staates in antizyklischer Stoßrichtung bedingt wurde, hat die Interpretation der Weltwirtschaftskrise in der Zeit nach 1945 lange bestimmt. Dabei lieferte Keynes im Grunde gar keine Krisentheorie, sondern ging lediglich davon aus, dass es in bestimmten Konstellationen, die aber nicht näher bestimmt wurden, bedingt durch die Liquiditätspräferenz von Unternehmen und Haushalten, Investitionsschwäche und starre Löhne, zu längerfristigen Ungleichgewichten kommen könnte, die der Staat dann ausgleichen sollte. Diese Sicht der Dinge wurde erst in den 1960er Jahren in Frage gestellt, als Milton Friedman und Anna J. Schwartz die weltwirtschaftlichen Probleme der Zwischenkriegszeit vor allem auf die deflationäre Grundtönung der Epoche und damit auf eine fehlerhafte, nämlich zu restriktive Politik der Notenbanken zurückführten. Diese deflationäre Situation habe sich in der Weltwirtschaftskrise zugespitzt, die nur deshalb so dramatisch verlaufen sei, weil die Zentralbanken die deflationäre Krise durch ihre restriktiven Maßnahmen weiter verschärft hätten. Aus dieser Sicht war es somit eine falsche Geldpolitik, die die strukturellen Probleme der zwanziger Jahre und die Tiefe der Weltwirtschaftskrise zu verantworten hatte. Diese Sicht ist wiederum nicht unwidersprochen geblieben; insbesondere Kindleberger verwies auf die massiven realwirtschaftlichen Probleme, die strukturelle Konstellation von Überproduktion und Unterkonsumtion, die allein schon den deflationären Grundton der Entwicklung zumindest bis zur Weltwirtschaftskrise erkläre. Zwar sei es durchaus zutreffend, dass danach die Notenbanken zu restriktiv verfahren seien, aber der Kern des Ursachenbündels der Weltwirtschaftskrise liege doch in den strukturellen Verwerfungen der Nachkriegszeit.

In den vergangenen Jahren hat sich das Interesse stärker dem Goldstandard und seinen Folgewirkungen zugewandt, im Grunde wurde also verstärkt nach den historischen Hintergründen der Deflationspolitik gesucht. Das Versagen der Politik des Goldstandards nach dem Krieg, besonders aber in der Weltwirtschaftskrise habe, so Barry Eichengreen und Peter Temin, dann schließlich den Übergang zu einer national orientierten Wirtschaftspolitik erzwungen, die von den Erfordernissen der binnenwirtschaftlichen Entwicklung geprägt gewesen sei. Erst diese Politik der Reflation, d. h. der Lösung von den Restriktionen des Goldstandards und die Bereitschaft zur Ausweitung der Geldmenge, habe zur Überwindung der Weltwirtschaftskrise geführt, aber auch, so die Ökonomen Ronald Findlay und Kevin O'Rourke, zu einer Zerstörung der Weltwirtschaft. Von ihnen wird das Ende des Goldstandards nicht gefeiert, sondern als Ursache der nur schlep-

penden wirtschaftlichen Erholung nach 1932 angesehen, da
eben eine funktionierende Weltwirtschaftsordnung gefehlt habe.
Die Wirtschaftsgeschichtsschreibung ist sich daher nicht wirklich
einig, was die Ursachen und die Tiefe der Weltwirtschaftskrise
bestimmte. Sicher ist nur Paul A. Samuelsons (1915–2009) Vermutung, die Weltwirtschaftskrise sei letztlich die Folge einer
zufälligen Verkettung unglücklicher Umstände gewesen. Offenkundig ist jedenfalls, dass es sich um einen konjunkturellen Abschwung handelte, der durch die strukturellen Probleme der
Weltwirtschaft nach dem Ersten Weltkrieg massiv verstärkt
wurde. Dieser Abschwung wiederum förderte Reaktionen, die
ihrerseits dann zu Krisenfaktoren wurden, namentlich die Politik der gegenseitigen wirtschaftlichen Abschottung, die einen
mittelfristigen Niedergang der Weltwirtschaft einleitete. Offen
ist weiterhin die Frage nach den Handlungsmöglichkeiten der
Staaten in der Krise. Denn im deutschen Fall existierte kaum
eine realistische Alternative zu Brünings Wirtschaftspolitik, die
zumindest aus heutiger Sicht so erfolglos ja nicht war. In Deutschland zeigte sich im Übrigen auch, dass eine keynesianische Politik keineswegs die einzige denkbare Alternative gewesen wäre.
Aus der Krise des Liberalismus entstand im Umfeld eines kleinen
Kreises jüngerer Ökonomen (Walter Eucken (1891–1950), Wilhelm Röpke (1899–1966), Alexander Rüstow (1885–1963),
Franz Böhm (1895–1977), Alfred Müller-Armack (1901–1978)
u. a.) das Konzept des Ordoliberalismus. In dessen Sicht war es
die Unfähigkeit des Staates, funktionierende Marktstrukturen
zu sichern, die in die Weltwirtschaftskrise geführt hatte. Haupt-
kritikpunkt hier war die Unterordnung der Wirtschaftspolitik
unter den Druck der organisierten Interessen (Kartelle, Verbände,
Gewerkschaften etc.), die den Staat handlungsunfähig gemacht
und damit ein Versagen wichtiger Marktfunktionen herbeige-
führt hatten. Folgerichtig galt es die Handlungsfähigkeit des
Staates wiederherzustellen, damit dieser unabhängig von Interes-
sengruppen und Lobbies eine liberale Ordnung der Wirtschaft
garantieren konnte, in deren Rahmen sich dann entsprechend
der Regeln des Marktes eine gleichgewichtige Wirtschaftsent-
wicklung vollziehen sollte. Ein starker, über den Interessen ste-

hender Staat, der dem Gemeinwohl und der funktionierenden
Marktwirtschaft verpflichtet wäre, war das Ideal, das hier entwickelt und verfochten wurde. Einige Vertreter des Ordoliberalismus hofften zumindest eine Zeit lang, die Regierung Hitler
ließe sich für den Ordoliberalismus gewinnen. Die Realität der
nationalsozialistischen Rüstungswirtschaft ließ diesen Traum
aber rasch verfliegen. Stattdessen folgten Aufrüstung und Ver-
nichtungskrieg, an dessen Ende Europa in Schutt und Asche lag.

Die Geschichte der wirtschaftlichen Entwicklung zwischen
1914 und 1949 ist eine Geschichte der Ausnahmesituationen.
Zwar blieb bis zum Ausbruch des Zweiten Weltkrieges der Rhythmus der Krisen durchaus erhalten (1913/14, 1920/21, 1929 bis
1932/33), jedoch fielen diese Krisen deutlich stärker aus als vor
dem Ersten Weltkrieg. Die Weltwirtschaftskrise stellte alle bis
dahin gesammelten Krisenerfahrungen in den Schatten und ließ
das bisherige Wissen im Umgang mit Störungen der wirtschaftlichen Entwicklung gleichsam von heute auf morgen obsolet werden. Die Ursachen für die tiefen Krisen der Zwischenkriegszeit
liegen aller Wahrscheinlichkeit nach nicht in einzelnen politischen Fehlentscheidungen, auch wenn diese Fehler die Krisen jeweils verschärften und ihr Gesicht im Einzelnen prägten. Der
Goldstandard und die durch ihn bedingte deflationäre Finanz-
und Zinspolitik können nicht allein für die Probleme der 1920er
Jahre verantwortlich gemacht werden. Auch die Erfahrungen
der Weltwirtschaftskrise sind nicht so eindeutig, wie es scheint.
1932 war der Goldstandard tot; mit ihm aber zugleich eine funktionierende weltwirtschaftliche Arbeitsteilung und ein intensiver
Welthandel. Auch am Vorabend des Booms der Nachkriegszeit
stand die Fixierung einer Währungsordnung mit festen Wechselkursen, allerdings größerer Flexibilität, das System von Bretton
Woods. Die Politik des Goldstandards verschärfte Probleme,
rief sie aber nicht hervor. Auch kann man nicht wirklich einem
Fehlen wirksamer antizyklischer Maßnahmen die weltwirtschaftlichen Probleme und die Tiefe der Krisen anlasten. Die Erfahrungen mit einer Politik der Reflation nach 1932 waren durchaus gemischt; am erfolgreichsten war Deutschland, das aber
kaum als Vorbild taugt. Die Krisengeschichte der Zwischen-

kriegszeit hat handfestere Hintergründe als die doch eher reagierende Wirtschafts- und Finanzpolitik. Da sind zunächst die Zerstörung der weltwirtschaftlichen Arbeitsteilung und das Fehlen des politischen Willens, sie nach 1918 wiederherzustellen. Da sind die veränderten Strukturen der globalen Finanzmärkte, die verschobenen Schuldner-Gläubiger-Relationen und der fehlende Wille der USA, die ihnen durch den Krieg zugewachsene Rolle zu akzeptieren. Da sind die weltweiten Überkapazitäten, die während und unmittelbar nach dem Ersten Weltkrieg aufgebaut wurden und in den 1920er Jahren auf der ohnehin kranken Weltwirtschaft lasteten. Da sind die weltweiten agrarischen Überkapazitäten, die zu einer Strukturkrise der Landwirtschaft, zu sinkenden Preisen, steigender Verschuldung und einem Wettlauf um den Schutz der jeweiligen nationalen Märkte führten. Da sind die Sonderprobleme jedes einzelnen Landes, im deutschen Fall die starke, ungünstig strukturierte Auslandsverschuldung, die schlecht ausgelasteten Kapazitäten, die niedrigen Margen, die Investitionsschwäche, die relativ hohe Arbeitslosigkeit und die, über die Schlichtung bedingte, politische Garantie der Löhne, die im Zuge der Strukturkrise der 1920er Jahre nicht sanken. Da sind schließlich die Folgeprobleme des Ersten Weltkrieges, die zugleich die Anforderungen an den Staat und damit dessen Inanspruchnahme des Volkseinkommens steigerten, diese Prozesse zugleich aber zum Gegenstand massendemokratischer Verfahrensweisen machten, wodurch die Wirtschafts-, Finanz- und Sozialpolitik in das Zentrum innenpolitischer Kämpfe rückte. All dies fand zudem im Rahmen der Abschwungphase einer langen Kondratjew-Welle statt, in der die Wachstumsaussichten ohnehin getrübt waren. Alles in allem ist eine Verkettung unglücklicher Umstände zu konstatieren, die die Wirtschaftskrise aus dem Ruder laufen ließ und fast zwangsläufig eine Überforderung des politischen Systems nach sich ziehen musste.

VII. Nach dem «Großen Boom»: Die Wiederkehr der Normalität

Die wirtschaftliche Entwicklung nach dem Zweiten Weltkrieg stand zunächst unter keinen guten Vorzeichen. Die Zerstörungen in Europa und Asien waren gigantisch. Die Weltwirtschaft verfügte über keine funktionierenden Strukturen und eine politische Nachkriegsordnung zeichnete sich 1945/46 bestenfalls in dem Sinne ab, dass die Welt zukünftig in wirtschaftlicher und politischer Hinsicht geteilt sein würde. Die Anti-Hitler-Koalition zerfiel mit dem Kriegsende. Spätestens 1948 standen sich zwei feindselige Blöcke in einem kalten Krieg gegenüber, der wiederholt die Grenze zu einer heißen Auseinandersetzung nur knapp verfehlte. Dennoch begann im Schatten von Kaltem Krieg und Eisernem Vorhang in Westeuropa und den USA mit Beginn der 1950er Jahre ein wirtschaftlicher Erholungsprozess, der bis dahin ohne Vorbild war. Das «Wirtschaftswunder» war dabei kein deutsches Phänomen, auch wenn es in dem kriegszerstörten westdeutschen Teilstaat besonders stark ausfiel. Die Mehrzahl der westeuropäischen Staaten erlebte in den 1950er und 1960er Jahren einen Prozess des «catching up», in dem die Wachstums-, Wohlstands- und Produktivitätsvorsprünge der USA, die unmittelbar nach dem Krieg unerreichbar schienen, sukzessive aufgeholt und schließlich weitgehend ausgeglichen wurden. In den 1970er Jahren hatte sich die Wohlstands- und Produktivitätslücke zwischen Westeuropa und den USA geschlossen. In Asien, insbesondere in Japan, dauerte dieser Prozess etwas länger, fiel dafür aber in den 1960er und 1970er Jahren umso dynamischer aus. Japan, der lange belächelte Nachzügler im Fernen Osten, überholte in dieser Zeit die meisten europäischen Volkswirtschaften und schließlich begann auch der Aufstieg der kleineren Staaten Ost- und Südostasiens in die erste Liga der Weltökonomie.

Das dauerhaft hohe Wachstum der Nachkriegszeit verführte

Wirtschaftswissenschaft wie Wirtschaftspolitik dazu, nicht nur die krisenhafte Entwicklung der Zwischenkriegszeit, sondern Wirtschaftskrisen insgesamt für vermeidbar zu halten und der Wirtschaftspolitik die Aufgabe zu stellen, für ein gleichgewichtiges Wirtschaftswachstum zu sorgen. Die Wirtschaftswissenschaft scheute sich nicht, dabei die Rolle des Stichwortgebers zu übernehmen. Der Keynesianismus legte ein derartiges Denken nahe, bestand seine zentrale Botschaft doch darin, ein antizyklisches und damit Ungleichgewichte vermeidendes oder zumindest verminderndes Handeln sei möglich. In Verbindung mit der neoklassischen Mikroökonomik entstand so ein Modell der ökonomischen Steuerung, das sich bis zum Ende der 1960er Jahre großer Akzeptanz erfreute. Diese Planungs- und Steuerungsphantasien überlebten freilich die ersten ernst zu nehmenden ökonomischen Krisenphänomene in den 1970er Jahren nicht, weil sich eine der zentralen Annahmen der Wirtschaftssteuerung, nämlich durch Vermehrung der Liquidität bzw. durch staatliche Kredite lasse sich unter Inkaufnahme moderater Inflationsraten das Wachstum ankurbeln und die Beschäftigung sichern, praktisch nicht bestätigte. Auch eine der zentralen Institutionen der Nachkriegszeit, das Bretton-Woods-System fester Wechselkurse, das 1944 bewusst geschaffen worden war, um die Währungsturbulenzen der Zwischenkriegszeit für die Zukunft auszuschließen und die Fehler des Goldstandards aus den 1920er Jahren nicht zu wiederholen, musste 1973 aufgegeben werden, da ein System fester Wechselkurse angesichts der großen Unterschiede in der wirtschaftlichen Entwicklung der beteiligten Staaten zu unflexibel war und schließlich immer größere Aufwendungen zu seiner Aufrechterhaltung verlangte. Als die USA Anfang der 1970er Jahre die Verpflichtung zur Einlösung von Dollars in Gold zu einer bestimmten Parität einseitig beendeten, war das System daher am Ende. An die Stelle einer vermeintlich immerwährenden Prosperität trat die Wiederkehr der Konjunktur- und Krisenzyklen, ein Prozess, der bis heute anhält.

Die Krisen von 1966/67, 1974/75 und 1981/82 Anfang der 1970er Jahre waren die Bedingungen des Nachkriegsbooms in West-

europa nicht mehr gegeben. Die Kriegszerstörungen waren beseitigt, der Nachholbedarf befriedigt, die Produktivitätslücke zu
den USA geschlossen und die Exportvorteile, die insbesondere
die Bundesrepublik Deutschland im Rahmen von Bretton Woods
bei allem inflationären Druck auch genossen hatte, waren dahin.
Der Nachkriegsboom hatte erkennbar sein Ende erreicht – die
wirtschaftliche Entwicklung normalisierte sich. Eine eigentliche
Wirtschaftskrise hatte Deutschland in den Jahren seit dem Krieg
nicht erlebt. Lediglich 1967 schrumpfte das Sozialprodukt mini-
mal. Auch wenn kurzfristig insbesondere in der zeitgenössischen
Öffentlichkeit Krisenängste aufkamen und die Erfahrungen
Weimars beschworen wurden, zumal in diesen Jahren auch die
NPD Wahlerfolge in verschiedenen Landesparlamenten hatte
und 1969 nur knapp bei der Bundestagswahl scheiterte, war die
«Delle» von 1967 rasch überwunden. Ihre für die Bundesrepublik Deutschland spezifische Ursache lag in der Tat in Fehlern der
staatlichen Wirtschafts- und Zinspolitik, in einem Hin und Her,
das den Ruf von Ludwig Erhard (1897–1977), der 1963 Konrad
Adenauer (1876–1967) als Bundeskanzler gefolgt war, in kürzester Zeit ruinierte. Aus dem Helden der Sozialen Marktwirtschaft wurde binnen weniger Wochen ein überforderter Bundeskanzler, der schließlich ohne großes Aufsehen abtrat und einer
Großen Koalition Platz machte, mit der auch in der Bundesrepublik Deutschland der Keynesianismus zur offiziellen Richt-
schnur der Regierungspolitik wurde. Erhards Agieren in der Rezession 1966 war in der Tat glücklos. Nach der Bundestagswahl
1965, die er gewonnen hatte, wurden zwar Wahlgeschenke in
größerem Umfang verteilt; als sich 1966 jedoch eine konjunkturelle Abkühlung abzeichnete, verzichtete die Bundesregierung
auf eine aktive Konjunkturpolitik und verlegte sich auf Sparap-
pelle zum «Maßhalten». Die Währungs- und Preisstabilität hatte
Vorrang vor Maßnahmen zur Konjunkturförderung. Angesichts
eines für 1967 drohenden Haushaltsdefizits von sieben Mrd.
D-Mark erwog Erhard schließlich Steuererhöhungen, die die FDP
zum Bruch der Koalition veranlassten. Erhard bildete eine Min-
derheitsregierung, doch verlor er – auch wegen seiner zahlreichen
außenpolitischen Missgriffe und der Intrigen Adenauers – in der

eigenen Fraktion jeden Rückhalt, die schließlich Kurt G. Kiesinger (1904–1988) als seinen Nachfolger nominierte, der mit der Bildung einer Großen Koalition von Union und SPD die Regierungskrise im Dezember 1966 beendete.

Die Wirtschaftskrise ließ sich allerdings nicht mehr aufhalten. 1967 schrumpfte das Sozialprodukt und die Arbeitslosigkeit stieg von 200 000 auf 700 000 Personen an. Im funktionierenden europäischen und weltwirtschaftlichen Umfeld blieb die Krise trotz aller Probleme der Währungsordnung freilich eine kurze, aber sehr folgenreiche Episode. Denn die Krise wurde von den Zeitgenossen als Politikversagen interpretiert; und diese Wahrnehmung begründete den kometenhaften Aufstieg von Karl Schiller (1911–1994). Der Sozialdemokrat Schiller, von großer Intellektualität und ebenso großem Selbstbewusstsein geprägt, vertrat eine vollständig andere wirtschaftspolitische Linie als Ludwig Erhard. Erhard hatte eine letztlich traditionelle Vorstellung, nach welcher der autonom handelnde Staat eine freie Wirtschaftsordnung garantieren sollte, innerhalb derer die Unternehmen und Verbraucher entsprechend ihrer Interessen und Präferenzen frei handeln sollten; Angebot und Nachfrage, der Markt- und Preismechanismus würden dann die Dinge schon regeln. Schiller glaubte nicht an die autonome Funktion des Marktes, sondern war überzeugt, dass der Markt zu Ungleichgewichten der Entwicklung führte, die durch den Staat bzw. wirtschaftspolitisches Handeln auszugleichen seien. Dabei war der Staat für ihn aber keine gegebene Größe, gleichsam eine sittliche Idee, die nach eigenem Recht und eigener Norm zu handeln hatte. In Schillers Denken waren Staat und Politik Teil der Gesellschaft und deren Handeln daher Ergebnis legitimer Interessenvertretung, Resultat von Konflikt und Konsens. Innerhalb dieses Aushandlungsprozesses sah Schiller seine Rolle als mit überlegenem wirtschaftlichen Wissen ausgestatteter Moderator, der letztlich die konfligierenden Interessen auf den rechten Weg der wirtschaftlichen Vernunft zu führen hatte. Das bereits unter Erhard vorbereitete, allerdings erst 1967 verabschiedete Stabilitätsgesetz, das den Staat zur Förderung des sogenannten Magischen Vierecks (Preisstabilität, Vollbeschäftigung, außen-

wirtschaftliches Gleichgewicht und angemessenes Wirtschaftswachstum) verpflichtete und entsprechend zu Eingriffen berech-
tigte, die Erhard stets abgelehnt hatte, wurde daher in Schillers
Hand ebenso zu einer scharfen Waffe wie die von ihm ins Leben
gerufene «Konzertierte Aktion». Diese gemeinsame Institution
des Bundeswirtschaftsministeriums, der Arbeitgeber und der
Gewerkschaften (später auch der Länder) sollte dazu dienen, die
Maßnahmen im Rahmen des Stabilitätsgesetzes gleichsam zu
flankieren, also sicherzustellen, dass das wirtschaftliche Handeln des Staates im breiten gesellschaftlichen Konsens erfolgte.
Hierzu machte das Ministerium Vorgaben (etwa über erwartete
Wachstumsraten, Preisentwicklungen etc.), woraus man dann
Vorstellungen etwa über die zukünftige Lohnentwicklung ablei-
tete. Zunächst schien das Modell gut zu funktionieren. Die Wirtschaftskrise von 1966/67 war rasch überwunden, 1968 und
1969 stiegen die Wachstumsraten wieder auf die aus der Wirt-
schaftswunderzeit gewohnten Werte, allerdings nahm wegen der
noch immer zu niedrig bewerteten D-Mark der Inflationsdruck
erneut stark zu. Die Gewerkschaften, die sich im Rahmen der
«Konzertierten Aktion» an die zunächst niedrigen Wachstumser-
wartungen und damit an den prognostiziert kleinen Spielraum
für Lohnerhöhungen gehalten hatten, standen im Regen. Hohes
Wachstum einerseits und hohe Inflation andererseits verschlechterten die Verteilungsposition der Arbeitnehmer drastisch; 1969
brachen flächendeckend wilde Streiks in der Bundesrepublik
Deutschland aus, in denen zahlreiche Unternehmen schließlich
außertarifliche Zugeständnisse machten, was die Ängste der Gewerkschaften nur weiter verstärkte. Sie waren jedenfalls nach
1969 nicht mehr bereit, sich in die «Konzertierten Aktion» ein-
binden zu lassen. Aber nicht nur das Scheitern der «Konzertierten
Aktion» unterminierte Schillers Position. Dem wachsenden Inflationsdruck konnte man zunächst mit einer – freilich sehr um-
strittenen – Aufwertung der D-Mark begegnen. Das minderte
aber die hausgemachten Stabilitätsgefahren kaum. Diese nahmen
vielmehr zu, denn spätestens seit der Bundestagswahl 1969, die
mit einer sozialliberalen Regierung die Große Koalition beendete, folgte die Haushalts- und Finanzpolitik nicht mehr allein

finanz- und wirtschaftspolitischen Erwägungen, sondern reflektierte in zunehmendem Maße die gesellschaftspolitischen Ziele der neuen Bundesregierung. Diese plante nicht nur ein «Mehr an Demokratie», sondern zielte auch auf die Korrektur sozialer Ungleichheit und ihrer Folgen, wozu, da an eine Gesellschaftsänderung nicht zu denken war, umfangreiche Strukturreformen notwendig schienen. Das Schiller'sche Konzept, das Ausgabenausweitungen in der Krise, aber Ausgabenkürzungen im Boom vorsah, also entsprechend des keynesianischen Modells antizyklisch angelegt war, wurde damit aus den Angeln gehoben, da die Bundesregierung nach 1969 nur halbherzig daran ging, nach überwundener Krise antizyklische Maßnahmen zu ergreifen. Zwar wurde 1971 zeitlich begrenzt eine Investitionsabgabe erhoben; die Ausgaben selbst wurden aber drastisch ausgeweitet, was den Finanzminister Alex Möller (1903–1985) resignieren ließ. Schiller war noch optimistisch genug, zusätzlich Möllers Amt zu übernehmen, doch auch ihm gelang es nicht, die Regierung zur Haushaltsdisziplin zu bringen; 1972 trat er zurück. Als die Regierung von Willy Brandt (1913–1992) 1973 endlich angesichts hoher Wachstumsraten und eines anhaltenden Inflationsdrucks erneut auf die konjunkturpolitische Bremse trat, tat sie es genau zum falschen Zeitpunkt. Ende des Jahres kam es infolge des Nahost-Krieges zur drastischen Steigerung der Ölpreise, die eine sich bereits abzeichnende konjunkturelle Abkühlung weiter verstärkte. 1974 brach die zweite offene Rezession der Nachkriegszeit aus, die sich diesmal zu einer wirklichen Krise zuspitzte. 1975 lag die Arbeitslosenzahl das erste Mal im Jahresdurchschnitt über einer Million, eine Zahl, die seitdem nicht mehr unterschritten wurde. Der Rücktritt Brandts im Jahre 1974 markierte das Ende des Reformoptimismus und der neue Bundeskanzler Helmut Schmidt verkörperte Sachlichkeit und Realismus. Wenn auch nicht offiziell verabschiedet, so war Mitte der 1970er Jahre der bundesdeutsche Keynesianismus am Ende, die Machbarkeitsvorstellungen hatten der harten ökonomischen Realität Platz machen müssen. Gleichwohl bedeutete die Regierungszeit von Helmut Schmidt keinen radikalen Bruch mit der Reformzeit unter Willy Brandt. Die Staatsverschuldung nahm weiter zu, die Inflationsrate ging nicht wirklich zurück und auch staatlich finanzierte Konjunkturprogramme, freilich unter dem Druck der anderen OECD-Staaten, die Deutschland in die Rolle der Konjunkturlokomotive drängten, gab es weiterhin. Immerhin schaffte es Helmut Schmidt – gemeinsam mit seinem französischen Partner Valery Giscard d'Estaing und vor allem: der Bundesbank! –, die europäische Währungssituation (Währungsschlange, Währungssystem) zu stabilisieren und die D-Mark praktisch zur europäischen Leitwährung zu machen. Dies verhinderte dennoch in den Jahren 1981/82 nicht, dass erneut eine konjunkturelle Krise ausbrach, die zwar nicht so dramatisch ausfiel wie der Einbruch von 1974/75, aber doch die Arbeitslosenzahlen und die Staatsverschuldung weiter nach oben trieb. Spätestens jetzt war auch in der Bundesrepublik Deutschland das Modell der keynesianischen Konjunkturpolitik, die durch antizyklische Maßnahmen Wirtschaftskrisen verhindern wollte, definitiv gescheitert. In Großbritannien und den USA, die beide in den 1970er Jahren ebenfalls in das krisenverschärfende Dilemma hoher Staatsverschuldung und hoher Inflationsziffern geraten waren und einen – zumindest subjektiv so empfundenen – säkularen Niedergang insbesondere gegenüber der japanischen Konkurrenz erlebten, hatten Margaret Thatcher und Ronald Reagan (1911–2004) bereits spektakulär mit dem Keynesianismus gebrochen.

In beiden Ländern begann Ende der 1970er/Anfang der 1980er Jahre eine Ära des «Neoliberalismus». Im deutschen Kontext ist zwar die Bezeichnung «Neoliberalismus» unglücklich, da mit diesem Begriff stärker die Entstehung der Sozialen Marktwirtschaft nach dem Zweiten Weltkrieg assoziiert wird, im Kern aber ging es den «Neoliberalen» darum, durch die Rückkehr zu einem rein marktwirtschaftlichen Kurs die vermeintlichen Fehler des Keynesianismus zu überwinden. Eine maßgebliche Rolle spielten in diesem Konzept die Überlegungen von Milton Friedman und Mancur L. Olson. War der Keynesianismus von seiner Entstehung her ein Konzept zur Überwindung bzw. Vermeidung von Ungleichgewichten, so erschien er in der Sicht seiner Kritiker als deren Schöpfer, da unter seinem Zeichen erfolglose wirtschaftspolitische Eingriffe vorgenommen und vor allem die Geldmenge unangemessen aufgebläht worden waren, wodurch Wachstumsschwäche und Inflation erst möglich geworden seien. Die Krisen der 1970er Jahre erschienen insofern als Folge einer Politik, die sich selbst als deren Therapie ausgab. In der Sicht von Milton Friedman, der Chicago-School der Wirtschaftswissenschaft und der sich hier inspirierenden «Marktradikalen» kam es nun vor allem darauf an, die staatliche Wirtschaftspolitik zurückzunehmen und die Marktkräfte freizusetzen. Bei richtiger Geldmengenpolitik, die den Kern der staatlichen Wirtschafts- und Finanzpolitik bestimmen sollte, und einer weitgehenden Deregulierung des Wirtschaftsgeschehens, also der Zerstörung des historisch gewachsenen regulativen Rahmens und seiner Rückführung auf ein marktwirtschaftlich akzeptables Minimum, musste es folgerichtig zu einer gleichgewichtigen, dynamischen Entwicklung der Wirtschaft kommen – auch wenn die Anpassungsprozesse durch die Beschneidung der Staatstätigkeit und die Deregulierung des Marktgeschehens zunächst schmerzhaft ausfallen mochten. In der Bundesrepublik Deutschland blieb eine derartig radikale Wende aus. Aber das Papier, mit dem Otto Graf Lambsdorff (1926–2009) 1982 dem sozialdemokratischen Kanzler Helmut Schmidt die Gefolgschaft aufkündigte, ging in diese Richtung.

Die Jahre des Booms nach dem Zweiten Weltkrieg waren – aus heutiger Sicht – ebenso Ausnahmejahre wie die Jahre zwischen den beiden Weltkriegen. Jedoch waren sie Ausnahmejahre im positiven Sinne, weil die westeuropäischen Volkswirtschaften in dieser Zeit die Einbrüche der Kriegs- und Zwischenkriegszeit ausglichen und dadurch eine Phase bisher unvergleichlicher Prosperität erlebten. Die Zeitgenossen sahen das indes nicht so; sie begriffen die Wachstumszyklen der Nachkriegszeit vielmehr als Ergebnis und Folge einer geschickten Währungs-, Finanz- und Wirtschaftspolitik und gingen daher zwangsläufig davon aus, dass sich die Erfahrung von Wachstum und Vollbeschäftigung bei richtiger, nämlich keynesianisch inspirierter Wirtschaftssteuerung dauerhaft erhalten ließ. Die anhaltenden Schwierigkeiten im System der festen Wechselkurse hätten jedoch Hinweise darauf geben können, dass der Nachkriegsaufschwung so stabil nicht war, sondern sich Sonderfaktoren verdankte, deren Gewicht sukzessive geringer wurde. Gerade diese nachlassende ökonomische Dynamik bedingte aber einen weiteren Schub der aktiven staatlichen Wirtschaftspolitik, der durch den gesellschaftlichen Aufbruch der späten 1960er Jahre, als die Staaten nicht nur die Wirtschaft steuern, sondern auch die gesamten Gesellschaften bessern wollten, noch verstärkt wurde.

Aus heutiger Sicht war die Wiederkehr der konjunkturellen Zyklen und damit im Zweifelsfall der Wirtschaftskrisen nicht überraschend. Für die Zeitgenossen aber erschienen sie als Desaster, weshalb auch vorschnell Erklärungen akzeptiert wurden, die das Krisengeschehen etwa auf die Ölpreissteigerungen 1973 und 1979 zurückführten. Doch diese Ölpreissteigerungen änderten zwar kurzfristig die Terms of Trade und verteuerten die Ölrechnungen, waren aber für die Krisen nicht ursächlich. Die Abschwünge selbst folgten hingegen dem bekannten Muster der Investitions- und Lagerhaltungszyklen, die unter bestimmten Umständen, wie eben denen des Wegfalls des rekonstruktionsbedingten Umfeldes, auch zu einem zeitweiligen Schrumpfen der gesamtwirtschaftlichen Leistung führen konnten. Die Krisen waren überdies ein wichtiges Moment im wirtschaftlichen Strukturwandel, den sie zum Ausdruck brachten und zugleich beschleunigten. Der Wegfall des faktischen Währungsschutzes durch das Bretton-Woods-System verstärkte etwa im deutschen Fall das ohnehin erwartbare Schrumpfen bestimmter Industriezweige und veränderte die Rahmenbedingungen des internationalen Wettbewerbs so, dass nur durch vermehrte Anstrengungen der Unternehmen, u. a. durch forcierte Rationalisierung, deren internationale Wettbewerbsfähigkeit zu erhalten war. Die «marktradikale» Antwort auf die Krise der späten 1970er und frühen 1980er Jahre lebte zwar auch von der Illusion immerwährender Gleichgewichte bei richtiger Politik, legte diese aber völlig anders an und ermöglichte durch Deregulierungen und die Liberalisierung der weltweiten Waren-, Kapital- und schließlich auch Arbeitsmärkte überhaupt erst jenes Phänomen, das relativ frühzeitig als Globalisierung bezeichnet wurde. Die Hoffnung auf eine krisenfreie Entwicklung unter «neoliberalem» Vorzeichen erfüllte sich zwar nicht; die Globalisierung aber war Folge und Faktor einer bis dato ungeahnten weltweiten ökonomischen Mobilisierung, die auch das ökonomische Krisengeschehen maßgeblich beeinflussen sollte.

VIII. Entgrenzung und Ernüchterung im Zeitalter der Globalisierung

Durch die Globalisierung änderten sich weltweit die wirtschaftlichen Rahmenbedingungen. In gewisser Hinsicht kehrte die Welt damit, spätestens nach dem Fall des Eisernen Vorhangs, zu jenen Strukturen zurück, die die Zeit vor 1914 und damit auch das Krisengeschehen im 19. Jahrhundert bestimmt hatten. Der konjunkturelle Zyklus blieb erhalten und änderte sich auch durch die weltweite Öffnung der Märkte nicht grundlegend. Aber die Bedingungen, unter denen er ablief, waren nun ganz andere. Vor allem eröffnete die weltweite Vernetzung in ihrer elektronischen Form nun Chancen der Arbitrage, die es zuvor über Jahrzehnte nicht mehr gegeben hatte. Die Deregulierung der Kapital- und Finanzmärkte spätestens seit den 1990er Jahren beseitigte zudem die bis dahin bestehenden Barrieren der Kapitalmobilität, sodass erstmals ein weltweiter Kapital- und Finanzmarkt entstand, auf dem global agierende Akteure unter Nutzung moderner Techniken in kürzester Zeit auf Preisunterschiede reagieren konnten. Diese Öffnung schuf wirtschaftliche Chancen ungeahnten Ausmaßes, erleichterte aber auch spekulativen Übertreibungen das Geschäft; das eine war ohne das andere nicht zu haben.

Die Mehrzahl der gegenwärtig in der Kritik stehenden Praktiken an den Finanzmärkten (Kreditversicherungen, Leerverkäufe, Optionen etc.) verdanken sich im Übrigen dieser Öffnung, da nur durch derartige Absicherungen die stark zunehmende Volatilität der Finanz- und Kapitalmärkte beherrschbar schien. Dass – in einer Art paradoxem Effekt – gerade diese Mechanismen, wenn sie selbst spekulativ genutzt werden, die Volatilität und Unberechenbarkeit der Kapitalmarktpreise nur weiter erhöhen, war zu diesem Zeitpunkt kaum abzusehen. Und selbst wenn, ein Verzicht auf sie wäre wirtschaftlich unverantwortlich gewesen.

Die sich hier abzeichnenden neuen spekulativen Dimensionen erhielten zusätzlich Nahrung durch eine seit den 1990er Jahren andauernde Phase niedriger Zinsen und hoher Liquidität in den weltweiten Finanzmärkten. Die Niedrigzinspolitik verdankte sich neben der offensiven Geldpolitik Japans, das seit Beginn der 1990er Jahre in einer Art Deflationsfalle steckte, vor allem der Politik der amerikanischen Notenbank und der amerikanischen Regierung, die hierdurch – zunächst außerordentlich erfolgreich – in den 1990er Jahren die Konjunktur ankurbelten, aber eben auch die spekulative Dotcom-Blase ermöglichten. Nach deren Zusammenbruch und dem Anschlag auf New York am 11. September 2001 diente die Niedrigzinspolitik zudem nicht nur der Wiederankurbelung der Konjunktur, sondern auch der innenpolitischen Stabilisierung der USA, die mit dieser Politik de facto auch sozialpolitische Ziele verfolgten, etwa die Erleichterung von Immobilienbesitz für einkommensschwache Teile der Bevölkerung. Weltweit liberalisierte Waren- und Kapitalmärkte, niedrige Zinsen und hohe Liquidität waren schon an sich genügend Anlass, den konjunkturellen Prozess spekulativ zu überhöhen. Hinzu traten die Probleme der internationalen Währungsordnung. Zwar schien zumindest Europa zunächst mit der Währungsschlange, dann mit dem Europäischen Währungssystem (EWS) und schließlich mit der Währungsunion eine funktionsfähige Antwort auf die Probleme gefunden zu haben, die der Untergang des Systems von Bretton Woods hinterließ. Doch war auch hier die Entwicklung nicht krisenfrei, wie die Lira- und Pfundkrisen 1992 zeigten, als beide Währungen von Spekulanten aus dem EWS gedrückt wurden. Weltweit nahmen seit den 1980er Jahren die Währungsturbulenzen zu, sei es durch eine letztlich unverantwortlich hohe Auslandsverschuldung, sei es in der Folge dieser Verschuldung durch Baisse-Spekulationen gegen einzelne Währungen an den internationalen Devisenmärkten. Das bereits aus dem 19. Jahrhundert bekannte Bild eines geradezu multiplen Krisengeschehens von konjunkturellen Krisen, spekulativen Übertreibungen sowie Währungs- und Verschuldungskrisen kehrte seit den 1980er Jahren daher nicht nur zurück, sondern nahm unter den Bedingungen elektronischer Vernetzung mit zunehmender Aktionsgeschwindigkeit auch eine neue Qualität an.

Währungs- und Zahlungsbilanzkrisen Die Krisen der globalisierten Welt folgen keinem besonderen Rhythmus, auch wenn konjunkturelle Phänomene auf sie durchaus Einfluss nehmen. Ihr Schema ist relativ einfach zu durchschauen. Staaten verschulden sich bei den eigenen Bürgern, vor allem aber auf den internationalen Kapitalmärkten, besonders gerne dann, wenn die Zinsen niedrig sind und die Zinslast überschau- und tragbar erscheint. Ändern sich die konjunkturellen Rahmenbedingungen und steigen die Zinsen, so sinken die Staatseinnahmen, während gleichzeitig der Zinsaufwand zunimmt; die weitere Verschuldung bzw. Umschuldung wird zusehends teurer, wenn sie überhaupt noch möglich ist. Eine Flucht aus den Staatstiteln und damit der betroffenen Währung beginnt, die spekulativ verstärkt schließlich dazu führt, dass der Kurs der Währung nicht mehr gehalten werden kann, sondern abgewertet werden muss. Das verteuert die weitere Verschuldung ebenso wie Importe, erleichtert aber Exporte, sodass eine Abwertung bei gleichzeitiger Verbesserung der Haushaltsdisziplin und der internationalen Wettbewerbsfähigkeit eines Landes durchaus hilfreich sein kann. Es kann jedoch auch eine Schuldenfalle entstehen, aus der sich wirtschaftlich schwache Länder ohne fremde Hilfe nicht retten können. Bei frei floatenden Wechselkursen ist die Gefahr derartiger Verschuldungs- und Zahlungsbilanzkrisen groß; mit der Abwertung steht aber letztlich auch ein Mechanismus zur Verfügung, diese Krisen zu bewältigen. Da die mit Abwertungen verbundenen Anpassungsprobleme groß sind, neigt ein Teil der Wirtschaftswissenschaft, insbesondere aber die Politik dazu, die Wechselkurse zu kontrollieren.

Historisch gesehen sind Ordnungen mit politisch stabilisierten Wechselkursen indes selten von langer Dauer, und selbst wenn, stellt sich die Frage, ob die Währungsordnungen die Sta-

bilität erzeugten oder nicht selbst deren Folge waren. In Krisen-
situationen sind feste Währungsordnungen jedenfalls außerordentlich kostspielig und neigen zum Zerfall. Das System von
Bretton Woods ging unter, weil es zu kostspielig wurde, nicht,
weil man es grundsätzlich nicht mehr wollte. Das Floating war
eine Folge der Schwäche von Bretton Woods. In Europa wurde
es aber als gefährlich angesehen, da in seinem Rahmen die Volatilität der Währungskurse zunahm. Die Reaktion war die Bildung der europäischen Währungsschlange, ein 1972 geschaffe-
nes System eines multilateralen Währungsverbundes, bei dem
jede Zentralbank bei einem bestimmten Interventionspunkt
zugunsten oder gegen die eigene Währung intervenieren musste,
mit gegenüber den Bretton-Woods-Stufen allerdings erheblich
vergrößerten Schwankungskorridoren. Die Währungsschlange
funktionierte wegen vieler Ein- und Austritte nicht wirklich gut.
Sehr schnell verabschiedeten sich bestimmte Länder (u. a. Schwe-
den, Großbritannien) aus ihr, sodass Ende der 1970er Jahre das
Europäische Währungssystem (EWS) an deren Stelle trat, in dem
die D-Mark faktisch zur europäischen Leitwährung wurde und
sich die übrigen Notenbanken des EWS nach der Vorgabe der
Deutschen Bundesbank richten mussten. Auch in diesem Rahmen, in dem es durchaus gelang, die Kursschwankungen zu beruhigen, kam es immer wieder zu handfesten Krisen, da die Inter-
ventionspunkte Baisse-Spekulateuren große Handlungschancen
eröffneten, die 1992 etwa zum Ausscheiden des britischen Pfundes und der italienischen Lira aus dem EWS führten. Die danach
gebildete Währungsunion suchte diese Fehler zu vermeiden, indem eine einheitliche, von einer neugeschaffenen Zentralbank
ausgegebene Währung und eine entsprechende Währungspolitik
Kursschwankungen für die Zukunft ausschlossen und zugleich
eine stabilitätsorientierte Währungspolitik gewährleistet werden sollte. Im Euro-Raum glichen sich auf diese Weise zunächst
die Zinsen an; Länder mit eher hohen Zinssätzen kamen nun in
den Genuss billiger Kredite, was, bei ja weiterhin national fixier-
ten Inflationsraten, zum Teil zu negativen Realzinsen und zu
einem extremen Verschuldungsanreiz führen konnte. Entsprechend, obwohl statistisch verschleiert, nahm die Verschuldung

mancher Staaten rasch zu, während zugleich deren Wettbewerbsfähigkeit sank, da die Kredite zur Finanzierung des Lebensstandards bzw. zur Expansion in wenig produktiven Bereichen der Wirtschaft, wie z. B. dem Baugewerbe, genutzt wurden. Die jüngste Weltwirtschaftskrise hat folgerichtig das Gefüge des Euro-Raumes nachhaltig gestört, da die unterschiedliche Verschuldung und die unterschiedliche Leistungsfähigkeit der verschiedenen Staaten zu einem entsprechenden höheren Zinsaufwand für die weniger wettbewerbsfähigen Staaten (Zins-Spread) führen und damit nicht nur die Zahlungsfähigkeit bestimmter Staaten berühren, sondern zugleich die Stabilität der gemeinsamen Währung in Frage stellen.

Das traditionelle Mittel, eine Währungskrise zu lösen, nämlich die Währung deutlich abzuwerten und damit zugleich die Wettbewerbsfähigkeit eines Landes zu verbessern, ist im Fall der Euro-Zone politisch ausgeschlossen. In den anderen großen Währungskrisen der Nach-Bretton-Woods-Zeit hat gerade die Möglichkeit zur Abwertung der jeweiligen Währungen eine problementlastende Wirkung gezeigt, wenn dies auch für die abwertenden Länder, zumal dann, wenn sie auf Finanzhilfen des Internationalen Währungsfonds (IWF) angewiesen waren, zu zum Teil drastischen Sparmaßnahmen geführt hat. Typische Beispiele für Verschuldungs- und im Gefolge dann Währungskrisen finden sich 1994/95 in der Mexiko-Krise, 1997/98 in der Asien-Krise, 1998 in der Russland-Krise und etwa zeitgleich in der bis 2005 anhaltenden Argentinien-Krise. Eine vergleichbare, freilich begrenzte Krise dieser Art erlebte 2009 auch Dubai. Derartige Verschuldungskrisen mögen zwar bei diszipliniert staatlicher Haushaltspolitik und zurückhaltender Verschuldung vermeidbar sein, doch ist gerade die Disziplin ökonomisch ein zweischneidiges Schwert, da sie Entwicklungen auch auszubremsen vermag. Zeitweilige Inkaufnahme von Haushaltsdefiziten bzw. Verschuldung kann durchaus ökonomisch rational sein, ist unter den Bedingungen globalisierter Kapital- und Finanzmärkte mit auf Arbitrage spezialisierten Akteuren aber stets riskant. Zu einem massiven ökonomischen Problem wird die Verschuldung, so zeigt die Untersuchung von Reinhart und Rogoff, erst von einem Punkt an, an dem die Schulden mehr als 80 Prozent der wirtschaftlichen Gesamtleistung betragen und die Zinsaufwendungen so hoch werden, dass sie die staatliche Handlungsfähigkeit effektiv einschränken. Nur: Auch in diesem Rahmen sind die Krisen keine Folge spekulativer Arbitrage, sondern diese reagiert im Grunde auf politische Fehler, deren Konsequenzen sie radikal zum Vorschein bringt. Verschuldungskrisen wird es daher aller Wahrscheinlichkeit weiterhin geben; prognostizierbar sind sie im Übrigen durchaus, auch wenn sie keinem dem Konjunkturzyklus unterliegenden Rhythmus folgen. Die Reaktionen der Staaten auf die jüngste Weltwirtschaftskrise, die zu einem starken Anstieg der Staatsschulden geführt haben und noch führen werden, verheißen nichts Gutes.

Konjunktur und Spekulation: Die großen Krisen seit den 1980er Jahren   Seit der Mitte der 1980er Jahre hat sich im Zuge der Globalisierung auch die Weltkonjunktur mehr oder weniger harmonisiert. Zwar folgen die verschiedenen Länder und Erdteile weiterhin zum Teil ihrem eigenen Rhythmus, doch lässt die regionale und nationale Bedeutung nach, besonders bei den Volkswirtschaften, die eng mit der Weltwirtschaft verflochten sind. Zu den bestimmenden Faktoren der wirtschaftlichen und konjunkturellen Entwicklung seit den 1980er Jahren zählen neben der Globalisierung selbst vor allem die mit der Informationstechnologie verbundenen Innovationszyklen sowie hiermit eng verbunden der wirtschaftliche Aufschwung in Asien, insbesondere in China, der sich seit den 1980er Jahren maßgeblich beschleunigt hat. Die Homogenisierung der Weltkonjunktur bedeutet aber keineswegs, dass die jeweiligen Volkswirtschaften gleiche oder ähnliche Strategien verfolgen. Sinkende Transportkosten und unterschiedliche Kosten der Produktionsfaktoren haben vielmehr zu einer Spezialisierung in der Weltarbeitsteilung geführt, in der in zunehmendem Maße Volkswirtschaften mit niedrigen Lohnkosten einfache industrielle Tätigkeiten übernehmen, während sich entwickeltere Volkswirtschaften, wie die USA oder Großbritannien auf wertschöpfungsintensive Dienstleistungen und Hochtechnologie oder Deutschland auf die Herstellung komplexer und hochtechnolo-

gisch angelegter Industriegüter, spezialisieren. Die im Zuge des
seit den 1990er Jahren anhaltenden weltwirtschaftlichen Booms
steigenden Rohstoff- und Energiepreise haben wiederum erhebliche Auswirkungen auf die wirtschaftliche Leistungsfähigkeit der
sogenannten Schwellenländer, insbesondere jener, die über vergleichsweise große Rohstoff- und Energievorkommen verfügen.
Da dieser Strukturwandel zugleich intensiv mit einer Beschleuni-
gung und Verdichtung der Waren-, Kapital- und Finanzströme
verbunden ist, haben zum Teil schon kleinere regionale Krisenerscheinungen erhebliche globale Auswirkungen. Krisen in großen
Volkswirtschaften wie den USA weiten sich geradezu folgerichtig
zu Weltwirtschaftskrisen aus.

Dies gilt auch für die Krise Ende der 1980er Jahre, die sich,
wenn auch mit einiger Zeitverzögerung, an den ersten großen
Börsencrash der Nachkriegszeit anschloss. Am 19. Oktober 1987
brach der Dow-Jones-Index in New York um mehr als 20 Prozent ein, die Börsen in Nordamerika, Asien und teilweise auch
in Europa vollzogen den Zusammenbruch unmittelbar danach.
Zwar hatte sich bereits zuvor eine Überhitzung abgezeichnet, da
sich die Aktienkurse an der Wall Street in den zwei Jahren zuvor
mehr als verdoppelt hatten. Aber erst massive Turbulenzen in
den internationalen Währungsverhältnissen, vor allem die dras-
tische Abwertung des Dollars, gegen die die Federal Reserve mit
einer Anhebung der Leitzinsen vorging, brachten die Signale, die
schließlich zum Zusammenbruch der Aktienkurse führten. Der
Crash konnte sich nun auch deshalb rasend schnell ausbreiten,
weil erstmals in der Geschichte der Computerbörsenhandel eine
wichtige Rolle spielte. Seine unmittelbaren Wirkungen blieben
jedoch beschränkt, da der Börsenhandel ausgesetzt wurde und
die Notenbanken Zeit erhielten, Liquidität in die Märkte zu
pumpen. 15 Monate nach dem «Schwarzen Montag» erreichte
der Dow-Jones-Index wieder sein Niveau vor dem Crash. In der
Folge verschlechterte sich aber weltweit die Konjunktur. Die Bundesrepublik Deutschland entging dieser Krise nur durch die
Sondereffekte der Wiedervereinigung, um dann freilich 1992/93
unter dem konjunkturellen Rückgang und den strukturellen Problemen der abgewickelten DDR-Wirtschaft umso mehr zu leiden.

Besonders hart traf es 1989/90 die Bau- und Immobilienwirtschaft, die zuvor in den 1980er Jahren einen geradezu atemberaubenden spekulativen Boom erlebt hatte. Billiges Geld und große Erwartungen hatten die Immobilienpreise insbesondere in Japan auf schwindelnde Höhen getrieben; der Nikkei-Index erreichte Ende 1989 mit fast 40 000-Index-Punkten einen historischen Höchststand, nachdem er Mitte der 1980er Jahre noch bei 10 000 Punkten gelegen hatte. Das Zerplatzen der Immobilienblase und der Absturz des Aktienmarktes stürzten Japan in eine schwere Banken-, Finanz- und Wirtschaftskrise, die trotz einer faktischen Nullzinspolitik und stark ausgedehnter Staatsverschuldung in den nächsten 15 Jahren nicht überwunden wurde. Die Staatsverschuldung in Japan, die heute bei über 200 Prozent des Bruttoinlandsproduktes liegt, fällt allein deshalb nicht so stark ins Gewicht, weil sich der japanische Staat im Wesentlichen bei seinen eigenen Bürgern verschuldet hat; eine Verschuldungs- oder Zahlungsbilanzkrise vergleichbar der Lage Griechenlands ist daher im Fall Japans nicht zu erwarten.

Auf den Zusammenbruch der spekulativen Blasen und die Krise der Weltkonjunktur an der Wende zu den 1990er Jahren reagierten die Notenbanken insbesondere in den USA und in Japan durch eine beispiellose Politik des billigen Geldes, die Alan Greenspan weltberühmt machte. Der «Magier» an der Spitze der Federal Reserve schien damit genau das Richtige zu tun, denn an die Krisenerscheinungen zu Beginn der 1990er Jahre schloss sich in den USA eine geradezu exemplarische Phase der Prosperität an, die vor allem von der spekulativ angetriebenen Expansion des gesamten Bereichs der Neuen Medien und der Mikroelektronik getragen wurde. Im Zuge dieses Booms gelang es in den USA zwar nicht, die Auslandsverschuldung entscheidend zu reduzieren, aber der Staatshaushalt wurde einigermaßen saniert und schloss in der zweiten Amtszeit von Präsident Bill Clinton mehrmals mit einem deutlichen Plus. Die Auslandsverschuldung, mit der die USA insbesondere ihr Handelsbilanzdefizit mit Japan und dann vor allem China ausglichen, wirkte in diesem Rahmen keineswegs beängstigend. Im Gegenteil schien das Spiel aufzugehen, in dem die USA und in deren Windschatten auch Großbritannien einfache industrielle Fertigungen aufgaben und sich auf wertschöpfungsintensive Bereiche konzentrierten. Im Bereich der Mikroelektronik jedenfalls eroberten die USA einen unangefochtenen Spitzenplatz. Der spekulative Boom des Neuen Marktes war daher auch hier am stärksten ausgeprägt.

Träger des Booms waren zwei Faktoren, nämlich zum einen die schier unbegrenzten Erwartungen in die geschäftlichen Möglichkeiten der neuen Technologien sowie zum anderen die reichlich zur Verfügung stehende Liquidität. Dabei war der Aufschwung keineswegs nur spekulativ bedingt, sondern mit der Informationstechnologie verbanden sich in der Tat erhebliche ökonomische Potentiale. Der Boom blieb nicht auf die USA beschränkt; spekulative Übertreibungen fanden sich auch an den europäischen Börsen, an denen spätestens 1999 der Aufschwung am Aktienmarkt sukzessive in eine sogenannte «Dienstmädchenhausse» überging, also zu einem allgemeinen Ansturm auf die Börsen, insbesondere auf das Segment der Technologiewerte, führte. In Deutschland sind die zwei großen Börsengänge der Telekom bis heute gut in Erinnerung; insbesondere der zweite Börsengang, der kurz vor dem Platzen der Blase erfolgte, hatte eine große Anzahl von Verlierern gerade unter den Kleinanlegern zur Folge, die mit populären Werbefiguren noch dazu angereizt worden waren, an der Börse den schnellen Gewinn zu machen. Aufstieg und Fall der Telekom-Aktie sind jedoch keineswegs die wesentlichen Merkmale der sogenannten Dotcom-Blase gewesen. Vielmehr finden sich zahlreiche Erscheinungen, die bereits aus den großen Spekulationskrisen des 18. und des 19. Jahrhunderts bekannt sind. Angesichts der glänzenden Geschäftsaussichten wurden seit der Mitte der 1990er Jahre zahlreiche, z. T. mehr als windige Firmen gegründet und an die Börse gebracht, um Zeichnungsgewinne realisieren zu können. Spektakuläre Übernahmeschlachten wie die von Mannesmann durch Vodafone häuften sich; der Neue Markt schien eine einzige Goldgrube. Nicht alle der neugegründeten Firmen beruhten im übrigen auf Schwindel, aber die Zahl der Wackelkandidaten war doch groß genug, um schließlich die Blase zum Platzen zu bringen. Der weltweite Zusammenbruch der Technologieaktien erfolgte im März 2000, als sich nach und nach herausstellte, dass zahlreiche der neuen Unternehmen die versprochenen Gewinne keineswegs erwirtschaften würden, als sich zeigte, dass häufig das Unternehmensvermögen nur aus einigen Lagerhallen bestand, als schließlich herauskam, dass nicht wenige Unternehmen Bilanzen geschönt und Umsatzerfolge nur vorgetäuscht hatten. Der Traum vom schnellen Reichtum löste sich für viele Spekulanten innerhalb weniger Tage in Luft auf; stattdessen machte sich Wut über die Spekulanten und die fallierenden Unternehmen breit, als wenn es nicht die Gier der Anleger selbst gewesen wäre, die die Spekulationsblase erst auf ihre letzten Höhen getrieben hatte. Der Absturz des Neuen Marktes im Jahr 2000 mündete, wenn er hierfür auch nicht ursächlich war, in eine allgemeine wirtschaftliche Abkühlung. In Deutschland hatte die Konjunktur 1999 einen Höhepunkt erlebt. 2001 und 2002 stagnierte bzw. schrumpfte das reale Bruttoinlandsprodukt sogar leicht. Das Zerplatzen der Blase fiel mithin mit dem oberen Wendepunkt eines Konjunkturzyklus mehr oder weniger direkt zusammen und dürfte daher den Abschwung beschleunigt haben.

Ganz ähnlich lagen die Verhältnisse in den USA, wo 2001 zum Zerplatzen der Dotcom-Blase noch der Schrecken des Terror-Angriffs auf die Twin-Towers und das Pentagon hinzukam. Der Aktienmarkt, der sich nach dem Zerplatzen der Blase wieder leicht erholt hatte, ging erneut auf Talfahrt, die erst im März 2003, kurz vor dem Einmarsch amerikanischer Truppen in den Irak, zu einem Ende kam. In dieser wirtschaftlich und politisch labilen Situation reagierten US-Regierung und US-Notenbank erneut mit dem Mittel, mit dem der «Magier» Greenspan bereits die Krise zu Beginn der 1990er Jahre überwunden hatte: Liquidität und niedrige Zinsen. Angesichts der fehlenden Erwartungen an die Aktienmärkte, die noch das Zerplatzen der letzten Krise zu verkraften hatten, ging die Liquidität in den Immobiliensektor, der weltweit – nur nicht in Deutschland – große Preissteigerungen und damit erhebliche Gewinne versprach. Zwar verschlechterte diese Politik sowohl die Haushaltsdaten der USA wie ihre internationale Verschuldung; da jedoch die Hauptgläubiger

China und Japan die im Handel mit den USA erwirtschafteten Dollars wieder in den USA anlegten, kam es weder zur Inflation noch zu steigenden Zinssätzen. Stattdessen explodierten die Immobilienpreise, die sich nun weltweit zu einem großen Geschäft zu entwickeln schienen, weil sich mit ihnen geradezu atemberaubende neue Geschäftsmodelle verbinden ließen. Die US-Regierung unterstützte auch Schuldner mit geringer Bonität durch Verbürgung ihrer Immobilienkredite, die diese nun in Erwartung steigender Immobilienpreise nicht nur vermehrt erhielten, sondern die ihnen geradezu aufgedrängt wurden, da sich hier ein scheinbar risikoloses Geschäft machen ließ. Diese sogenannten Subprime-Kredite wurden von den Banken gebündelt, strukturiert, zertifiziert und dann weitergegeben. Angesichts steigender Immobilienpreise schienen diese Schachtelgeschäfte, bei denen die Käufer von Zertifikaten schließlich nicht mehr wussten, welche Risiken und welche Sicherheiten mit ihren Papieren verbunden waren, gleichwohl risikolos zu sein. Banken verkauften diese schnell an Wert gewinnenden Papiere nicht nur, sondern nahmen sie ins eigene Portfolio und vergaben dann auf der Basis dieser zu Zeitwerten bewerteten Papiere wiederum erneut Kredite, sodass sich die jeweiligen Bilanz- und Kreditsummen erheblich aufblähten. Hierzu gründeten manche Banken gesondert Tochterinstitute, die dann, wie die Depfa als Tochter der Hypo-RealEstate (HRE) von Irland aus, mehr oder minder unbehindert durch regulative Einschränkungen ihren gewinnversprechenden, aber sehr riskanten Geschäften nachgingen.

Dieses Spiel auf der Basis steigender Immobilienpreise, hoher Liquidität, niedriger Zinsen und einer scheinbar problemlosen Verschuldung funktionierte über Jahre so erstaunlich gut, dass schließlich die Risiken nicht mehr gesehen wurden, sondern sich selbst solide Landesbanken in Deutschland daran beteiligten, um ihre Gewinnmargen zu erhöhen. Da überdies die beteiligten Banker im Rahmen neuer Bonifikationssysteme erheblich von den neuen Geschäftsmodellen und der damit verbundenen Aufblähung der Geschäftsvolumina profitierten, die zudem von den führenden Ratingagenturen abgesegnet waren, existierte schließlich ein geradezu allgemeiner Anreiz, das Spiel fortzusetzen. Die

Stimmen, die vor einem Ende der Immobilienpreishausse und den Folgen der horrenden Verschuldung insbesondere der US-Konsumenten warnten, wurden wie in jeder Spekulationsblase zuvor in den Wind geschlagen, bis 2007 der Höhepunkt bei der Entwicklung der Immobilienpreise erreicht war und sich mit den Zahlungsschwierigkeiten der britischen Bank Northern Rock im September des Jahres erste Krisenanzeichen bemerkbar machten. Northern Rock wurde im Februar 2008 verstaatlicht; nun brachen auch in den USA die ersten Banken zusammen, was US-Regierung und Federal Reserve noch hinnahmen. Der Zusammenbruch der amerikanischen Investmentbank Lehman Brothers im September 2008 zeigte dann aber schlagartig die ganze Reichweite des Desasters, weil innerhalb kurzer Zeit die Finanzmärkte austrockneten, die Kurse zusammenbrachen und eine Art «Rette sich, wer kann»-Mentalität einsetzte, in deren Ergebnis sich die Banken gegenseitig kein Geld mehr liehen. Nun wurde bei den Banken, die ihre Einlagen verloren, die ihr Eigenkapital abschreiben mussten und denen Insolvenz drohte, plötzlich von Systemrisiken gesprochen. Der Zusammenbruch von Lehman Brothers hatte gezeigt, dass das kein Hirngespinst war, zumal die großen amerikanischen Immobilienkreditversicherer Freddie Mac und Fannie Mae nur durch ihre faktische Verstaatlichung gerettet werden konnten. Ähnlich erging es der Mehrzahl der US-Großbanken und schließlich auch dem größten Versicherer der USA, AIG, der über die von ihm versicherten Kreditrisiken in den Abgrund gerissen zu werden drohte.

Die Krise erreichte im Herbst 2008 in ihrer ganzen Tragweite nicht nur die europäische Bankenwelt, sondern löste auch einen massiven konjunkturellen Einbruch aus. In Europa wurden zunächst die großen britischen Banken getroffen, dann aber auch Schweizer Institute und deutsche Geschäfts- und Landesbanken. Schnell zeigte sich, dass – obwohl in Deutschland ein Immobilienboom gar nicht stattgefunden hatte – gleichwohl deutsche Banken an den spekulativen Geschäften teilgenommen und in großem Stil Zertifikate erworben hatten, die sie nun abschreiben mussten. Das traf vor allem die traditionell eher renditeschwachen Landesbanken. Aber auch die Commerzbank entging ihrem

Untergang nur dank ihrer Teilverstaatlichung; die HRE wurde gleich vollständig vom Staat übernommen. Nur durch umfangreiche staatliche Schutzmaßnahmen, die von direkten Hilfen und Bürgschaften bis hin zu Liquiditätshilfen der Europäischen Zentralbank (EZB) reichten, konnte im Herbst 2008 ein vollständiger Zusammenbruch des Finanzmarktes verhindert werden. Gleichwohl mussten die Banken ihre Kreditvergabe einschränken, da im Zuge von Abschreibungen erhebliche Wertberichtigungen auf ihre Eigenkapitalbasis vorzunehmen waren, die wiederum ihre eigene Kreditvergabefähigkeit deutlich begrenzten (Deleverage).

Während der Finanzsektor zumindest in seinem Bestand geschützt wurde, waren die Auswirkungen auf die Realwirtschaft gravierend. Weltweit schrumpften im Herbst 2008 die Absatzmärkte; der deutsche Export brach im vierten Quartal 2008 um mehr als 15 Prozent ein. In der Folge gingen Kapazitätsauslastungen, Umsätze und Erträge zurück, während die Arbeitslosigkeit anstieg. Selbst im boomenden China mussten die Wachstumsziffern für 2009 zurückgenommen werden. In diesem Jahr rutschte die Weltwirtschaft in eine tiefe Rezession. Erstmals seit dem Zweiten Weltkrieg ging global gesehen das Sozialprodukt zurück. Die Staaten reagierten hierauf durch eine Fülle von Maßnahmen. War schon die Rettung der Banken außerordentlich kostspielig, so kamen nun Konjunkturprogramme zur Stimulierung des Absatzes und zur Dämpfung der Arbeitslosigkeit hinzu. Es schien geradezu, als hätte die Mehrzahl der Staaten alle aus der Weltwirtschaftskrise von 1929/1931 gezogenen Lehren gleichzeitig beherzigt, die ja, je nach Perspektive, entweder für eine Ausdehnung der staatlichen Nachfrage oder für eine Ausweitung der Liquidität plädiert hatten. Nun tat man beides: Man flutete die Märkte mit Liquidität und regte etwa über Abwrackprogramme für ältere Automobile oder die Subventionierung von Kurzarbeit die Nachfrage an und beruhigte den Arbeitsmarkt. Für 2010 und 2011 sind nicht zuletzt dank dieser Eingriffe wieder deutliche Wachstumsraten zu erwarten. Doch fallen sie nicht nur regional sehr unterschiedlich aus; diese Maßnahmen haben auch die jeweiligen Staatsschulden derart erhöht, dass insbesondere wenig wettbewerbsfähige Volkswirtschaften nun in eine Schuldenfalle zu geraten drohen. Der Eindruck ist nicht von der Hand zu weisen, dass hier der Teufel mit dem Beelzebub ausgetrieben worden ist. Im April und Mai 2010 war es zumindest in der Euro-Zone bereits so weit. Nur durch massive Kreditgarantien konnte die Zahlungsfähigkeit Griechenlands gesichert und eine drohende Zahlungsunfähigkeit anderer Mittelmeerstaaten zumindest fürs Erste verschoben werden. In der vermeintlichen Not drohender Staatsbankrotte wurden dabei zudem die Stabilitätsregeln der Euro-Zone außer Kraft gesetzt, sodass sich mittelfristig die Verschuldungsdynamik über den gesamten Euro-Raum auszudehnen droht.

Doch die Rettungserfolge vom Frühsommer 2010 waren trügerisch, da die Dimensionen der Staatsschuldenkrise noch kaum sichtbar waren. Seither haben sich die Probleme dramatisch zugespitzt, da fast alle südeuropäischen Euro-Staaten sich nicht mehr oder nur noch zu steigenden Zinsen an den Kapitalmärkten refinanzieren können. Griechenland ist faktisch pleite und wird künstlich aufrechterhalten; auch Portugal, Spanien und Italien sind wiederholt auf Staatsanleihenkäufe durch die EZB angewiesen, die eigentlich strikt untersagt sind. Die Regeln von Maastricht sind de facto aufgegeben, ohne dass sich neue Regeln erkennen ließen. Stattdessen werden, um die Aufgabe des Euro und die Rückkehr zu einem flexiblen Währungssystem zu verhindern, Rettungsschirme «gebastelt», die wenig erfolgversprechend wirken, und einer Vergemeinschaftung der Schulden sowie einem Anwerfen der Notenpresse das Wort geredet. Ob sich damit der Euro-Raum stabilisieren lässt, der ohne die Hilfen der Triple-A-Länder längst auseinandergefallen wäre, ist mehr als fraglich, liegen dessen Strukturprobleme doch in mangelnder Wettbewerbsfähigkeit und politischer Ineffizienz in nicht wenigen Ländern begründet, die durch derartige Hilfen eher subventioniert als geändert werden.

Nun ist die Krise noch nicht vorbei und daher ist es zu früh, endgültige Schlussfolgerungen zu ziehen und zu klaren Urteilen zu kommen. Sicher scheint allerdings, dass die gegenwärtige Krise mit der Weltwirtschaftskrise von 1929 nicht sehr viel zu tun hat, da das Krisenumfeld vollständig anders ist und der bisherige

Krisenverlauf auch nicht dem der Weltwirtschaftskrise von 1929 entspricht. Die Ingredienzien der gegenwärtigen Krisen erinnern schon eher an den Gründerkrach von 1873/74. Die Erwartung steigender Preise insbesondere im Bau- und Immobilienbereich, hohe Liquidität, niedrige Zinsen, ein «dereguliertes» liberales wirtschaftliches Umfeld: All das begünstigt die Entstehung spekulativer Blasen gerade in Phasen des Konjunkturaufschwungs, in denen ohnehin positive Erwartungen vorherrschen. Die Reaktionen auf die Krise folgen freilich fast lehrbuchartig der Weltwirtschaftskrise von 1929 und wollen die seinerzeit vermeintlich gemachten Fehler um jeden Preis vermeiden. Ob diese Strategie Erfolg haben wird, ist angesichts der rasant wachsenden Staatsverschuldung mehr als zweifelhaft, zumal diese die ohnehin zwischen den Volkswirtschaften vorhandenen Leistungsunterschiede verstärkt und damit Rivalitäten anheizt. Denn die aktuelle Krise hat je nach Vorgeschichte in den einzelnen Ländern einen unterschiedlichen Verlauf genommen, der auch mit ihrer Spezialisierung zusammenhängt. Jenen, die vor allem von niedrigen Zinsen und expansiver Baukonjunktur profitierten, wird die Krise in der Zukunft erhebliche Probleme bereiten; auch jene Volkswirtschaften, die sich ganz dem Leitsektor der Finanzdienstleistungen verschrieben haben, müssen mit dessen Schrumpfen derzeit Verluste im Kernbereich der Wirtschaft verkraften, für die keine Kompensation absehbar ist. Deutschland hat mit seiner traditionell innovativen und starken Industrie derzeit einen besseren Stand, vorausgesetzt, der Waren- und Kapitalverkehr wird nicht eingeschränkt. Doch bleibt abzuwarten, ob diese «Strategie» erfolgreich sein wird, zumal die Bundesrepublik die Hauptlast der europäischen Währungskrise tragen muss. Angesichts von derzeit 82 Prozent Staatsverschuldung eine schwere Hypothek.

Die Jahre seit dem Durchbruch der Globalisierung, also etwa seit der Mitte der 1980er Jahre, haben bezüglich der Geschichte der Wirtschaftskrisen ein ambivalentes Gesicht. Zum einen hatte die Weltwirtschaft zwischen 1991 und 2007 einen langen, 2000/2001 nur kurz unterbrochenen Prosperitätsschub, der mit dem Aufstieg Chinas ebenso korrespondierte wie mit der Aus-

nutzung der neuen technologischen Möglichkeiten im Bereich
der Mikroelektronik, der von der Liberalisierung der Weltwirtschaft ebenso profitierte wie von der ungeheuer gewachsenen
Effizienz der global und elektronisch transparent gewordenen
Kapital- und Warenmärkte. Ermöglicht wurde dieser Aufschwung
überdies erst durch die weltweite Vernetzung der Finanzmärkte,
womit freilich auch die Spekulationsmöglichkeiten drastisch zunahmen. Die Spekulation blieb dabei, was sie immer war: janus-
köpfig. Einerseits trieb sie den Strukturwandel im positiven
Sinne an, andererseits eröffnete sie Hasardeuren ein scheinbar
unbegrenztes Spielfeld, ohne dass man im Vorhinein wusste, was
positiv wirkte und was Waghalsigkeit war. Das alles hat zur
Rückkehr des Phänomens der spekulativ geprägten Krisen geführt, die in den Jahren zwischen 1945 und 1985 ausgestorben
zu sein schienen, die insofern auch jene notwendige Korrektur
sind, die auf spekulative Übertreibungen folgt. Doch zeigt allein
das Scheitern der regulierten Weltmärkte in den 1970er Jahren,
dass ein einfaches Regulierungsmodell heute keine wirkliche
Alternative wäre. Jedenfalls ist die Krisensituation seit der Globalisierung den Verhältnissen vor 1914 wieder sehr ähnlich
geworden. Es gibt Krisen, sie verbinden sich mit spekulativen
Phänomenen, aber sie sind bei allen Risiken immer auch ein
Moment des Strukturwandels, den man nur unter großen Wohl-
fahrtsverlusten aufhalten kann.

IX. Fazit

Wirtschaftskrisen sind, auch wenn es allgemein akzeptierte De-
finitionen von ihnen bis heute nicht gibt, ein zentrales Moment
des ökonomischen Strukturwandels. Sie prägten das ökonomische Geschehen schon lange vor der Durchsetzung des modernen Kapitalismus im 19. Jahrhundert und sind seither zu festen
Begleiterscheinungen seiner Entwicklung geworden. Wirtschaftskrisen bestimmen in gewisser Hinsicht auch unsere Vorstellung

von der modernen Wirtschaft, die wir als krisenanfällig und moralisch anstößig begreifen, während wir ihre Vorzüge zumeist stillschweigend als geradezu selbstverständlich hinnehmen. Dabei zeigt ein Blick auf die Krisengeschichte der vergangenen Jahrhunderte ein gänzlich anderes Bild: Die Krisen der Vormoderne waren für die Menschen existentiell unmittelbar bedrohlich. Schlechte Ernten konnten die Preise nach oben treiben und Hunger und Elend, Arbeitslosigkeit und Not zur Folge haben – Erfahrungen, die wir heute mit Wirtschaftskrisen nicht mehr verbinden. Im Gegenteil: Zwar gibt es seit dem 19. Jahrhundert zyklische Schwankungen der wirtschaftlichen Entwicklung, die sich mitunter zu tiefgreifenden Wirtschaftskrisen mit schweren sozialen Folgen ausweiten konnten, doch ist dies gerade nicht der Normalfall einer modernen Wirtschaftskrise. Konjunkturschwankungen sind vielmehr Teil und Moment eines Entwicklungsprozesses, in dem sich die wirtschaftliche Leistungsfähigkeit dauerhaft gesteigert hat, in dem das Wohlstandsniveau auch für ärmere Menschen auf ein Niveau gestiegen ist, von dem sich ältere Zeiten bestenfalls in Utopien Vorstellungen machen konnten. Der Hinweis auf die Weltwirtschaftskrise der 1920er und 1930er Jahre taugt dabei keinesfalls als Gegenargument. Die Krisen der Zwischenkriegszeit waren keine in irgendeinem Sinne «normale» Wirtschaftskrisen, sondern Ausnahmephänomene, die sehr viel mit der politisch und militärisch bedingten Zerstörung der Weltwirtschaft und der ökonomisch unseligen Staatenkonkurrenz jener Jahre zu tun hatten. Der Ausnahmecharakter trifft allerdings auch auf den großen Boom des Wiederaufbaus zu, dessen hohe Wachstumsraten, Vollbeschäftigung und Krisenlosigkeit uns heute völlig zu Unrecht als erreichbarer Normalfall erscheinen. Ebenso wie die Krisen der Zwischenkriegszeit war auch der Boom der Nachkriegszeit ein historisches Ereignis, das sich keinesfalls generalisieren, schon gar nicht zur Norm der Wirtschaftspolitik machen lässt.

Die Ergebnisse der historischen Krisenbetrachtung legen ein anderes Bild nahe. Die Krisen der Vormoderne bzw. Alteuropas hatten nur insofern eine gewisse Regelmäßigkeit, als längere Wachstumsphasen zu einer Bevölkerungszunahme führten, die bei der gegebenen geringen Agrarproduktivität über kurz oder lang in eine malthusianische Falle führen musste. Die eigentlichen Krisen selbst waren kaum vorhersehbar, sondern die Folge von klimatisch bedingten Ernteschwankungen, die die Menschen unmittelbar treffen konnten. Ein Rhythmus ist hier nicht zu erkennen, doch war für die bäuerliche Bevölkerung der älteren Zeit klar, dass es keine Garantien gab, sodass sich konservative Verhaltensweisen, das Setzen auf Bewährtes, als rationale Überlebensstrategien tief im bäuerlichen Denken verankern konnten. Jene Menschen, die kein bäuerliches Auskommen hatten, waren den unberechenbaren Schwankungen fast hilflos ausgesetzt. Die Übernutzung der wenigen agrarischen Ressourcen und eine z. T. unbarmherzige Nahrungskonkurrenz waren daher in den älteren Krisen an der Tagesordnung.

Derartige Krisenerscheinungen verschwanden mit der Durchsetzung des modernen Kapitalismus. Zwar gab es eine lange Übergangszeit, die erst mit der noch einmal apokalyptischen Krisenerfahrung der 1840er Jahre langsam zu Ende ging; aber danach waren die Krisen des «type ancien» Geschichte und auch der Hunger verschwand, um im 20. Jahrhundert nur in und nach den Kriegen noch einmal zurückzukehren. Doch war die neue Welt keine Welt des eitlen Sonnenscheins. Die Geburt des Kapitalismus und die frühmoderne Massenarmut fielen zusammen; die ersten Krisen des ohnehin sozial als rücksichtslos geltenden Kapitalismus versprachen nichts Gutes. Doch die «Verelendungshoffnungen» von Karl Marx und Friedrich Engels gingen nicht in Erfüllung, im Gegenteil. Zwar war und blieb der Kapitalismus schwankungs- und krisenanfällig, doch drehte sich die Entwicklungsspirale keineswegs nach unten. Vielmehr nahm die wirtschaftliche Leistungsfähigkeit sukzessive zu; die Konjunkturschwankungen waren offensichtlich die Form, in der sich die wirtschaftliche Dynamik des Kapitalismus realisierte und nicht irgendetwas, das man vermeiden sollte oder konnte. Die Hoffnungen auf ein immerwährendes Gleichgewicht, die die klassische Ökonomie der merkantilistischen Realität ihrer Zeit als Ideal einer modernen Marktwirtschaft entgegengehalten hatte, blieben zwar einflussreich und bestimmten das Denken der

Wirtschaftswissenschaft bis in die Gegenwart, doch im Grunde lernte man seit den 1850er Jahren mit den wiederkehrenden Krisen zu leben, die in aller Regel eben keine apokalyptischen Zusammenbrüche waren, sondern sich eher als Reinigungskrisen angesichts expansionsbedingter Übertreibungen begreifen ließen. Auch wurden die Krisen, anders als Karl Marx vermutet hatte, nicht immer tiefer, sondern jeder neue Zyklus setzte den alten auf höherem Niveau fort, auch wenn es durchaus mittelfristige Phasen größerer oder geringerer wirtschaftlicher Dynamik gab und gibt, die Joseph A. Schumpeter mit der theoretischen Vorstellung der Wellen wirtschaftlicher Entwicklung zu fassen suchte. Zwar fällt es schwer, hierin mehr als ein heuristisches Mittel zur Ordnung der konjunkturhistorischen Befunde zu sehen, aber Schumpeter hatte völlig Recht mit der Vermutung, dass der kapitalistische Strukturwandel eine stete Folge von Zerstörung und Neuschöpfung geradezu sein müsse, solle er nicht im gleichgewichtigen Stillstand enden. Jedenfalls war man sich vor 1914 sicher, dass man mit den wiederkehrenden Krisen leben konnte, ja dass sie unter Umständen gar eine wichtige Funktion hatten, selbst wenn der eine oder andere Theoretiker auch glaubte, befolge man nur seine Grundsätze, dann sei eine krisenfreie Welt durchaus erreichbar.

Dass es zwischen dem Ersten Weltkrieg und dem Ende des Booms nach dem Zweiten Weltkrieg zu Beginn der 1970er Jahre dann gleichermaßen zu apokalyptischen wie zu euphorischen Erfahrungen mit Konjunktur- und Wachstumsschwankungen kam, war keine Folge der kapitalistischen Dynamik, sondern ihrer gewaltsamen Störung durch Weltkriege, in deren Ergebnis als Folge der Expansionsstrategie des Nationalsozialismus Europa in Schutt und Asche lag. Waren die wichtigsten europäischen Industriestaaten mit den USA vor 1914 in wirtschaftlicher Hinsicht bei allen Unterschieden doch in etwa auf Augenhöhe, so lagen nun Welten zwischen der amerikanischen Leistungsfähigkeit und der europäischen Malaise. Erst als diese Lücke in den frühen 1970er Jahren in etwa wieder geschlossen war und als sich die weltwirtschaftlichen Beziehungen nach dem Zerfall des Systems von Bretton Woods zu normalisieren begannen, waren

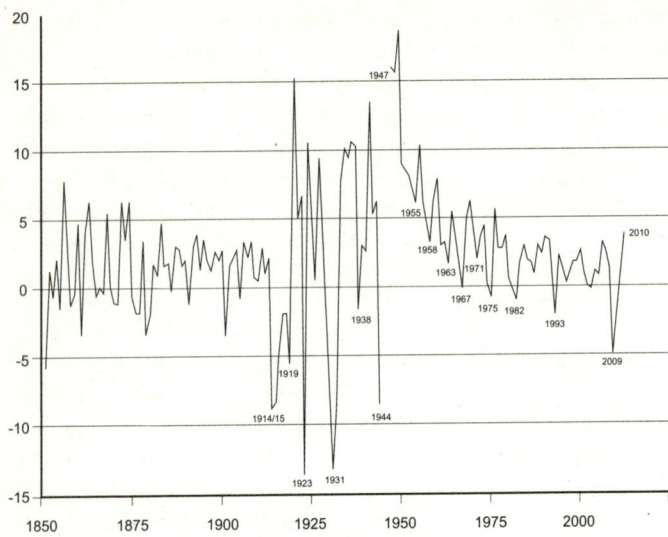

Die Wachstumsrate des realen Bruttoinlandsproduktes pro Kopf in
Deutschland, 1851–2002 nach: North, Michael, Deutsche Wirtschaftsgeschichte,
München 2005, S. 442

die Sonderbedingungen von Kriegs- und Nachkriegszeit überwunden und der aus dem 19. Jahrhundert bekannte Krisen- und
Wachstumszyklus kehrte zurück. Seither gibt es wieder Wirtschaftskrisen als Teil einer mehr und mehr globalen Entwicklungsdynamik, die freilich nichts Apokalyptisches haben und
auch nicht einfach als Fehler der jeweiligen Wirtschafts- und Finanzpolitik hingestellt werden können.

Im 19. Jahrhundert waren die Konjunkturschwankungen und
damit auch das Krisengeschehen von einer erstaunlichen Regelmäßigkeit. Diese Regelmäßigkeit, vor allem die begrenzten
Ausmaße der Ab-und Aufschwünge, verschwand in den Jahrzehnten zwischen 1914 und 1949 und machten zumindest in
Deutschland einem apokalyptischen Krisengeschehen Platz, das
sich an den Wachstums- bzw. Schrumpfungsraten des Sozialpro-
duktes wie an einer Fieberkurve ablesen lässt. Seit den 1950er
Jahren kehrte nicht nur der aus der Vorkriegszeit bekannte Rhyth-

mus zurück; auch die konjunkturellen Ausschläge normalisierten sich, nachdem in den 1960er Jahren die Rückschläge der ersten Jahrhunderthälfte überwunden worden waren.

Sieht man von der Ausnahmesituation der Jahre zwischen 1914 und etwa 1970 ab, so kann man von einem geradezu normalen Krisengeschehen, von einem rhythmischen Auf und Ab als Bewegungsform der modernen Wirtschaft sprechen. Aufschwünge und nachfolgende Krisen üben unter regulären Bedingungen zusätzlich eine wichtige Funktion im Strukturwandel aus, in dem sie positive Zukunftserwartungen fördern und Übertreibungen korrigieren. Die öffentliche Meinung und die Politik orientieren sich in der Regel an einer utopischen Gleichgewichtsvorstellung, nach der jede Schwankung und jede Krise die Folge einer falschen, also korrigierbaren bzw. unterlassenen, also nachholbaren Handlung ist. Überdies scheint man zu glauben, dass Krisen, bekämpft man sie nicht angemessen, dazu tendieren, das Geschehen während der Weltwirtschaftskrise von 1929 zu kopieren. Deshalb ist ein eigentümlicher Handlungszwang entstanden, der einen gelassenen Umgang mit Wirtschaftskrisen und auch mit Spekulation kaum mehr zulässt. Alles läuft auf die Annahme hinaus, entweder sei die wirtschaftliche Entwicklung in Ordnung oder die Politik mache etwas falsch. Historisch gesehen ist das ein sehr kurzschlüssiges Denken. Es spricht vielmehr nur wenig dagegen, die Krisen zunächst einmal nüchtern zu betrachten, zumal zumindest die entwickelten kapitalistischen Gesellschaften so wohlhabend sind, dass Krisen sich nicht zu existenziellen Bedrohungen auswachsen müssen. Und auch die letztlich nur noch moralisch nachvollziehbare Vorstellung, es sei die Habgier bestimmter Menschen oder Berufsgruppen, die uns in das Elend der Krise hineingestoßen habe, verkennt nicht nur die historische Rolle der Spekulation; sie ist auch einfach nicht plausibel, wie kein Geringerer als Marx betonte: «Gerade das wiederholte Auftreten von Krisen in regelmäßigen Abständen trotz aller Warnungen der Vergangenheit schließt indessen die Vorstellung aus, ihre letzten Gründe in der Rücksichtslosigkeit einzelner zu suchen», schrieb er am 15. Dezember 1857 in der «New York Daily Tribune». Dem ist nichts hinzuzufügen.

X. Glossar

Assignaten: während der Französischen Revolution verwendetes Papiergeld; umgangssprachliche Bezeichnung für wertloses Papiergeld.

Basisinnovation: ein von Joseph A. Schumpeter geprägter Begriff. In seinem Werk über Konjunkturzyklen (1939) gelangte er zu der Überzeugung, dass die Basis langer Wellen in der Konjunktur (**Kondratjew-Zyklen**) grundlegende technische Innovationen seien, die zu einer Umwälzung in der Produktion und Organisation führen. Allerdings ließ Schumpeter offen, was zur Entstehung einer neuen B. und damit zu einem neuen Kondratjew-Zyklus führt.

Baisse: anhaltende, starke Kurs- oder Preisrückgänge am Börsen-/ Effekten-Markt; → Hausse.

Bretton-Woods-System: Abkommen (1944/45) über die Errichtung eines weltweiten Währungssystems zu festen Wechselkursen, das vom goldhinterlegten US-Dollar als Leitwährung bestimmt war. Das System wurde 1973 aufgegeben.

Deflation: Preisverfall bei Waren und Dienstleistungen.

Depositen: eine Sammelbezeichnung für Einlagen (Gelder), die kurz- oder mittelfristig gegen Verzinsung bei einem Kreditinstitut angelegt werden.

Diskont: Zinsabzug beim Ankauf später fälliger Forderungen; zugrundegelegt wird dabei der sog. Diskontsatz.

Effekten: vertretbare Wertpapiere (Aktien, Anleihen, Obligationen etc.), die als Kapitalanlage geeignet sind und vorwiegend an der Börse gehandelt werden.

Emission: Wertpapierausgabe; das In-Umlaufsetzen von Aktien und anderen Wertpapieren. Unter **Aktienemission** versteht man die Gesamtheit aller Wertpapiere einer Ausgabe.

Geldmenge: Bargeldbestand und Sicherheitseinlagen inländischer Nichtbanken (Privathaushalte, nicht im Banksektor tätige Unternehmen, Staat, Ausland). Eine gängige Unterscheidung ist in Geldmengenaggregat M1, M2 und M3; M1: laufendes Bargeld - ohne den Kassenbestand und die täglich fälligen Einlagen (Sichteinlagen) der Kreditinstitute; M2: M1 plus Termineinlagen inländischer Nichtbanken mit einer Laufzeit von bis zu zwei Jahren und Spareinlagen bis zu drei Monaten; M3: M2 plus Geldmarktpapiere und Schuldverschreibungen mit einer kurzen Laufzeit von bis zu zwei Jahren.

Giralgeld(system): Buchgeld (Bankengeld, Depositengeld, Kreditgeld etc.), das nicht gesetzlich anerkannt ist, aber ein allgemein gebräuchliches, jederzeit fälliges und damit sofort einlösbares Zahlungsmittel ist.

Globalsteuerung: wirtschaftspolitische (Konjunktur-)Steuerung durch makroökonomische Größen, wie z. B. die Beeinflussung der Gesamtnachfrage.

Goldstandard: Währungsstandard, unter dem der Geldwert in den verwendeten Währungseinheiten (Goldparität) als Wert einer feststehenden Menge von Feingold definiert wird sowie die Notenausgabe an die Höhe der Goldreserven gebunden ist.

Hausse: starker, anhaltender Anstieg von Kursen für Wertpapiere und Waren; → Baisse.

Inflation: Prozess der Geldentwertung/Preissteigerung, der meist durch Geldmengenerhöhung ausgelöst wird.

Insolvenz: dauerhafte Zahlungsunfähigkeit bzw. Zahlungseinstellung von Unternehmen bei Konkursen.

Investitionsquote: der Anteil der Investitionen am Brutto- oder Nettosozialprodukt.

Konjunktur: Entwicklung der wirtschaftlichen Gesamtlage; i. e. S. Aufschwung der wirtschaftlichen Gesamtlage.

Konjunkturzyklus: mittel bis langfristige Auf- und Abbewegungen der wirtschaftlichen Entwicklung. Die gesamtwirtschaftliche Entwicklung vollzieht sich dabei in relativ regelmäßigen zyklischen Schwankungen. In der Konjunkturtheorie gibt es unterschiedliche Auffassungen über die Länge eines solchen Zyklus; u. a. **Kitchenzyklen** (3–4 Jahre), **Mitchell-Zyklen** (7–11 Jahre), **Juglarzyklen** (6–10 Jahre) und **Kondratjew-Zyklen** (50–60 Jahre).

Leerverkauf: spekulativer Verkauf von Wertpapieren oder Waren, die der Verkäufer noch nicht besitzt bzw. erst später kauft oder liefert (Termingeschäft/-handel); einen L. auf wenige Tage nennt man *short sale, short selling*.

Liquidität: Zahlungsfähigkeit; Geldverfügbarkeit (*Cashflow*).

Monetarismus: Lehre von der optimalen Geldmenge. Im Unterschied zum traditionellen Keynesianismus weniger eine Einkommens- und Beschäftigungstheorie, sondern in erster Linie eine Theorie zur Erklärung von Inflation.

Multiplikator-Akzelerator-Prozess: Verknüpfung des Akzeleratorprinzips mit dem Multiplikatorprinzip zur Erklärung von Konjunkturschwankungen. Unter dem Begriff **Multiplikator** versteht man einen Vervielfältigungsfaktor bei wirtschaftlichen Veränderungen. Der M. zeigt vor allem die Vervielfachung des Einkommens durch Ausgaben (für Investitionen, Ausfuhren etc.) an. Unter dem **Akzelerationsprinzip** versteht man die Nachfrage der Unternehmen nach Investitionsgütern, die sich proportional zu der von den Unternehmen geplanten Produktionsausweitung entwickelt und von der erwarteten Nachfrage nach den produzierten Gütern bestimmt wird. Die bekanntesten Multiplikator-Akzelerator-Modelle stammen von Paul A. Samuelson (1939) und John R. Hicks (1950).

Neoklassische Theorie: eine Fortentwicklung der klassischen Theorie, beschäftigt sich primär mit dem Problem der Allokation (Aufteilung) knapper Ressourcen. Im Unterschied zur klassischen Lehre arbeitet sie mit dem Konzept der Grenzproduktivität und des Grenznutzens und betont die Rolle des Preises zur Herstellung von Marktgleichgewichten.

Parität: Austauschverhältnis. **Goldparität** im Rahmen des Währungssystems des Goldstandards für die einzelnen Währungen festgelegte Goldmenge, zu der die jeweilige Währung umgetauscht werden konnte.

Peel'sche Bankakte: eine am 19. Juli 1844 durch den damaligen Premierminister Englands, Sir Robert Peels, eingeführte Gesetzgebung zur Regulierung der Notenausgabe. Die Vorschrift besagt, dass allein die *Bank of England* (heute: Zentralbank Großbritanniens) zur Ausgabe von Zahlungsmitteln berechtigt ist. Sie darf dabei grundsätzlich nicht den Umlauf an Banknoten über den Eigenbestand an Edelmetallen erhöhen.

Prosperität: Aufschwungphase mit steigenden Gewinnen (und Preisen); Hochkonjunktur.

Rezession: Konjunkturabschwung, Rückgang des Wirtschaftswachstums.

Spekulation: ein Preisänderungs-Gewinngeschäft. Alle Geschäfte, die auf Gewinnerzielung aus zeitlichen Preisänderungen gerichtet sind; vgl.→ Arbitrage (Spekulation mit örtlichen Preisunterschieden).

Staatsanleihe: von Staaten oder (Bundes-)Ländern ausgegebene Schuldverschreibungen (Anleihen), meistens als langfristige, börsengänige festverzinsliche Wertpapiere.

Stabilitätsgesetz: Gesetz zur Förderung der Stabilität und des Wachstums der Wirtschaft in der Bundesrepublik Deutschland von 1967.

Termingeschäft/-handel: Börsengeschäft mit Waren, Devisen oder Wertpapieren, wobei die Lieferung und Abnahme zu einem vereinbarten Preis zu einem späteren Termin erfolgt.

Universalbanken: Banken (Kreditbanken, Sparkassen, Genossenschaftsbanken etc.), die alle banküblichen Geschäfte und Bankdienstleistungen anbieten.

Wechsel: Urkunde (Wertpapier etc.) über eine Zahlungsverpflichtung.

Zahlungsbilanz: Gegenüberstellung der Einnahmen und Ausgaben im internationalen Wirtschaftsverkehr, bestehend aus Leistungsbilanz, Kapitalverkehrsbilanz, Devisenbilanz und Restposten.

Zettelbank: Notenbanken (Papiergeldbanken).

Zins: Vergütung/Preis für eine zeitweilige Kapitalüberlassung.

Zinsmechanismus: Auswirkungen von Zinsveränderungen auf wirtschaftliche Aktivitäten (z. B. Investitionen).

XI. Auswahlbibliographie

Gesamtdarstellungen

Born, Karl Erich, Wirtschaftskrisen, in: HdWW Bd. 9, S. 130–141

Braunberger, Gerald und Fehr, Benedikt (Hg.), Crash. Finanzkrisen gestern und heute, Frankfurt am Main 2008

Kindleberger, Charles, Manien – Paniken – Crashs. Eine Geschichte der Finanzkrisen, Kulmbach 2001

Oelßner, Fred, Die Wirtschaftskrisen. Band 1, Die Krisen im vormonopolistischen Kapitalismus, Berlin 1949

Pinner, Felix, Die großen Weltkrisen im Lichte des Strukturwandels der kapitalistischen Wirtschaft, Zürich und Leipzig 1937

Reinhart, Carmen, Rogoff, Kenneth, This time is different. Eight centuries of financial folly, Princeton 2009

Wirth, Max, Geschichte der Handelskrisen, New York 1968 (zuerst 1890)

Konjunktur- und Krisentheorie

Borchardt, Knut, Wandlungen im Denken über wirtschaftliche Krisen, in: Krzysztof Michalski (Hg.), Über die Krise. Castelgandolfo-Gespräche 1985, Stuttgart 1986, S. 127–153

Davidson, Paul, Financial markets, money and the real world, Cheltenham 2002

Haberler, Gottfried, Prosperität und Depression: Eine theoretische Untersuchung der Konjunkturbewegungen, Bern 1948

Hoffmann, Walther G. [u. a.], Das Wachstum der deutschen Wirtschaft seit der Mitte des 19. Jahrhunderts, Berlin 1965

Metz, Rainer, Trend, Zyklus und Zufall. Bestimmungsgründe und Verlaufsformen langfristiger Wachstumsschwankungen, Stuttgart 2002

Minsky, Hyman P., Stabilizing an Unstable Economy. New York [u. a.] (Neuaufl.) 2008

Sombart, Werner, Versuch einer Systematik der Wirtschaftskrisen, in: Archiv für Sozialwissenschaft und Sozialpolitik 19/1904, S. 1–21

Schumpeter, Joseph A., Konjunkturzyklen. Eine theoretische, historische und statistische Analyse des kapitalistischen Prozesses, Göttingen (Neuaufl.) 2008

Spree, Reinhard, Konjunktur, in: Ambrosius, Gerold u. a. (Hg.), Moderne Wirtschaftsgeschichte. Eine Einführung für Historiker und Ökonomen, München ²2006, S. 185–212

Vosgerau, Hans Jürgen, Art. Konjunkturtheorie, in: HdWW Bd. 4, S. 478–507

Krisen der vorindustriellen Zeit

Abel, Wilhelm, Massenarmut und Hungerkrisen im vorindustriellen Deutschland, Göttingen ³1986
Abel, Wilhelm, Agrarkrisen und Agrarkonjunktur. Eine Geschichte der Land- und Ernährungswirtschaft Mitteleuropas seit dem hohen Mittelalter, Hamburg und Berlin ³1978
Deane, Phyllis, The first industrial revolution, Cambridge ²1992
Kopsidis, Michael, Agrarentwicklung. Historische Agrarrevolutionen und Entwicklungsökonomie, Stuttgart 2006
Kriedte, Peter, Spätfeudalismus und Handelskapital. Grundlinien der europäischen Wirtschaftsgeschichte vom 16. bis zum Ausgang des 18. Jahrhunderts, Göttingen 1980

Krisen in der ersten und zweiten Hälfte des 19. Jahrhunderts

Borchardt, Knut, Wirtschaftliches Wachstum und Wechsellagen 1800–1914, in: Hermann Aubin, Wolfgang Zorn (Hg.), Handbuch der deutschen Wirtschafts- und Sozialgeschichte, Bd. 2, Stuttgart 1976, S. 198–275
Grabas, Margrit, Konjunktur und Wachstum in Deutschland von 1895 bis 1914, Berlin 1992
Rosenberg, Hans, Die Weltwirtschaftskrise 1857–1859, Göttingen ²1974 (zuerst 1934)
Rosenberg, Hans, Große Depression und Bismarckzeit. Wirtschaftsablauf, Gesellschaft und Politik in Mitteleuropa, Frankfurt am Main 1976
Spree, Reinhard, Wachstumstrends und Konjunkturzyklen in der deutschen Wirtschaft von 1820 bis 1913, Göttingen 1978
Tugan-Baranowski, Michael von, Studien zur Theorie und Geschichte der Handelskrisen in England, Jena 1901

Krisen in der ersten Hälfte des 20. Jahrhunderts

Aldcroft, Derek H., Die zwanziger Jahre. Geschichte der Weltwirtschaft im 20. Jahrhundert, Bd. 3, München 1978
Bernanke, Ben S., Essays on the great depression, Princeton 2000
Eichengreen, Berry, Temin, Peter, The Gold Standard and the Great Depression. Working Paper 6060 des NBER, Juni 1997
Eichengreen, Barry, Golden Fetters. The gold standard and the great depression 1919–1939, Oxford 1992
Findlay, Ronald, O'Rourke, Kevin H., Power and Plenty. Trade, war and the world economy in the second millenium, Princeton 2007
Friedmann, Milton, Schwartz, Anna J., A monetary history of the United States. Princeton 1963

Galbraith, John Kenneth, Der große Crash 1929. Ursachen, Verlauf, Folgen, München ⁴2009

Holtfrerich, Carl-Ludwig, Die deutsche Inflation 1914–1923. Ursachen und Folgen in internationaler Perspektive, Berlin 1980

James, Harold, Deutschland in der Weltwirtschaftskrise 1924–1936, Stuttgart 1988

Krüdener, Jürgen von (Hg.), Economic Crisis and Political Collapse. The Weimar Republic 1924–1933, Oxford 1990

Petzina, Dietmar, Die deutsche Wirtschaft in der Zwischenkriegszeit, Wiesbaden 1977

Schivelbusch, Wolfgang, Entfernte Verwandtschaft. Faschismus, Nationalsozialismus, New Deal 1933–1939, München 2005

Krisen nach dem großen Boom

Eichengreen, Berry, Vom Goldstandard zum Euro. Die Geschichte des internationalen Währungssystems, Berlin 2000 (zuerst engl. 1996)

Giersch, Herbert, Paquet, Karl-Heinz, Schmieding, Holger, The fading miracle. Four decades of market economy in Germany, Cambridge 1993

Hohensee, Jens, Der erste Ölpreisschock 1973/74. Die politischen und gesellschaftlichen Auswirkungen der arabischen Erdölpolitik auf die Bundesrepublik Deutschland und Westeuropa, Stuttgart 1996

Lindlar, Ludger, Das mißverstandene Wirtschaftswunder. Westdeutschland und die westeuropäische Nachkriegsprosperität, Tübingen 1997

Olson, Mancur, Aufstieg und Niedergang von Nationen. Ökonomisches Wachstum, Stagflation und soziale Starrheit, Tübingen 1991 (zuerst amerik. 1982)

Schanetzky, Tim, Die große Ernüchterung. Wirtschaftspolitik, Expertise und Gesellschaft in der Bundesrepublik 1966–1982, Berlin 2007

Scherf, Harald, Enttäuschte Hoffnungen – vergebene Chancen. Die Wirtschaftspolitik der sozial-liberalen Koalition 1969–1982, Göttingen 1986

Krisen im Zeitalter der Globalisierung

Bischoff, Joachim, Finanzkrisen am Ende des 20. Jahrhunderts, in: Dieter Boris u. a. (Hg.), Finanzkrisen im Übergang zum 21. Jahrhundert. Probleme der Peripherie oder globale Gefahr?, Marburg 2000, S. 27–42

Klein, Naomi, Die Schock-Strategie. Der Aufstieg des Katastrophen-Kapitalismus, Frankfurt am Main 2007

Krugman, Paul R., Die neue Weltwirtschaftskrise, Frankfurt am Main 2009

Sinn, Hans-Werner, Kasino-Kapitalismus. Wie es zur Finanzkrise kam, und was jetzt zu tun ist, Berlin ²2009

XII. Personenregister